Balli

Anneliese Kompatscher · Tobias Schmalzl

Südtirols Küche

raffiniert einfach

Mit Weintipps von Peter Kantioler

Folio Verlag Wien/Bozen

Ein besonderer Dank geht an Elisabeth Heiss und Heinrich Radmüller vom Hotel „Elephant" sowie an Maria Thaler, die im „Elephanten" die besten Torten bäckt.

Der Verlag dankt außerdem herzlich Christoph Tscholl, alias „Stoffi", dem Meister des Südtiroler „slow food", für seine „fast interventions" in Sachen Wein.

Sämtliche Informationen und Mengenangaben in diesem Buch wurden von den Autoren gewissenhaft erarbeitet und mit größtmöglicher Sorgfalt überprüft. Trotzdem können inhaltliche Fehler oder Auslassungen nicht ausgeschlossen werden.
Kochen ist aber nun einmal keine exakte Wissenschaft, vertrauen Sie also auf Ihren persönlichen Geschmack, Ihre Fantasie und Ihre Vorlieben bei der Auswahl der Zutaten und der Mengen. Hinweise auf etwaige fehlerhafte Angaben sind im Verlag willkommen und werden bei späteren Auflagen gerne berücksichtigt.

Umschlagbild: Kasnocken

Bildnachweis:
Frieder Blickle, Handelskammer Bozen: 178 m, 179 l, 181 m, 182 m, 182 r
no.parking: 187
Alle übrigen Fotos stammen von Anneliese Kompatscher

Die Stimmungsbilder zeigen Motive aus:
Eppan an der Weinstraße: 93 u
Finsterwirt, Brixen: 63, 96
Hotel Elephant, Brixen: 57, 108, 169 (Maria Thaler), 186, 187
Hotel Heubad, Völs am Schlern: 53, 88
Kellerei Castel Sallegg, Kaltern: 90, 91, 92 u
Pacherhof, Brixen: 36
Stroblhof, Eppan: 105
Vinus, Brixen: 91 o (Peter Kantioler)
Zweigelt-Reben bei Brixen: 93 o

1. Auflage

Lektorat: Kathrin Kötz
Grafik: no.parking, Vicenza
Druckvorbereitung: Typoplus, Frangart
Druck: Printer, Trento
ISBN 3-85256-296-1

www.folioverlag.com

Inhalt

Sämtliche Rezepte sind für 4 Personen berechnet.

Rezepte für Vegetarier

schnelle Rezepte (Zubereitungszeit ca. 30 Minuten)

Vorwort

Die Südtiroler Küche, die ihrem Ursprung nach eigentlich eine bäuerliche Küche ist, hat sich in unserer Zeit nicht nur von den Rezepten der angrenzenden deutsch- und italienischsprachigen Gebiete inspirieren lassen, sondern auch von der internationalen Gastronomie. Die Gäste, die aus aller Welt nach Südtirol kommen, schätzen genau diese kulinarische Vielfalt, aber auch die Rückbesinnung auf Bodenständiges. Lange Zeit waren die traditionellen Gerichte in Vergessenheit geraten, heute sind sie von den Speisekarten unserer Hotels und Restaurants nicht mehr wegzudenken.

Durch meine langjährige Tätigkeit als Koch im traditionsreichen Brixner „Hotel Elephant" weiß ich, dass es ein großes Interesse an den Rezepten aus alter und neuerer Zeit gibt. Deshalb wollte ich diese in etwas verfeinerter Form, die den Bedürfnissen der heutigen „leichten Küche" Rechnung trägt, allgemein verständlich anbieten.

Die in diesem Kochbuch versammelten Rezepte sollen einen Einblick in die Südtiroler Küche geben. Dabei kann es nicht um Vollständigkeit gehen, sondern nur um eine repräsentative Auswahl. Zur Abrundung aller Rezepte werden die passenden regionalen Weine empfohlen. Außerdem gibt es einige Vorschläge zur Zusammenstellung eines „Südtiroler" Menüs.

Die zahlreichen Fotografien von Anneliese Kompatscher sollen nicht nur die Texte illustrieren, sondern auch Appetit machen und zum Nachkochen einladen.

Dazu wünsche ich Ihnen viel Spaß und gutes Gelingen.

Tobias Schmalzl

Vorspeisen

Ziegenkäseterrine im Paprikamantel mit buntem Salat

FÜR DIE ZIEGENKÄSETERRINE:
250 g Ziegenfrischkäse
50 g zimmerwarme Butter
2 rote Paprika
4 EL Olivenöl
1–2 Zucchini
2 EL gehackte Walnüsse
FÜR DEN SALAT:
50 g Rucola
50 g Lollo rosso
50 g Eiskönig (Eisbergsalat)
50 g Vogerlsalat
FÜR DIE VINAIGRETTE:
Salz, Pfeffer
2 EL Balsamico
80 ml Olivenöl
ZUM GARNIEREN:
Kerbel, Basilikum, Origano, Majoran

Paprika vierteln, in Olivenöl bei mäßiger Hitze langsam dünsten, die Haut abziehen. Zucchini in sehr dünne Längsscheiben schneiden, in Salzwasser eine Minute blanchieren, herausnehmen und abtropfen lassen. Die Butter cremig rühren, den gut verrührten Ziegenkäse zur Butter geben. Die Paprika- und Zucchinistreifen in einer halbrunden oder eckigen Terrinenform leicht überlappend auslegen, den Ziegenkäse einfüllen, mit Paprika und Zucchini bedecken. Mit Frischhaltefolie zudecken. Ungefähr zwei Stunden kalt stellen.
Balsamico mit etwas Salz und Pfeffer verrühren, nach und nach das Öl langsam zufügen. Die Salate dekorativ auf Teller verteilen. Die Terrine mit einem scharfen Messer in Scheiben schneiden, auf dem Salat anrichten. Mit den gehackten Walnüssen und den abgezupften Kräuterblättchen garnieren.
Mit der Vinaigrette beträufeln.

TIPP

Falls Sie keine Terrinenform besitzen, können Sie die Paprika- und Zucchinistreifen auch überlappend auf Frischhaltefolie legen und den Ziegenkäse darauf verteilen. Die Folie eng zusammenrollen und kalt stellen. Zu diesem Gericht passt Knoblauchbaguette: Hierfür Baguettescheiben kurz im heißen Ofen rösten, mit Olivenöl beträufeln und mit einer halbierten Knoblauchzehe einreiben. Mit klein geschnittenem Rosmarin bestreuen.

WEINTIPP

Premstaler Südtiroler Sauvignon, Kellerei Kaltern
Zartes Aroma von Holunder und Paprikaschoten, sehr geschmeidiger Abgang.

Räucherforellentatar mit Apfelperlen und Sellerievinaigrette

400 g Räucherforellenfilet
50 g Kren (Meerrettich)
1 EL Mayonnaise
1 TL gehackte Petersilie
Salz, Pfeffer
2 Äpfel
Saft einer Zitrone
1 EL Zucker
1 Stange Staudensellerie
3 EL Olivenöl
Salz, Pfeffer
ZUM GARNIEREN:
Dill
Kerbel
einige Preiselbeeren

Die Hälfte der Räucherforelle klein schneiden, mit Salz und Pfeffer würzen, mit Kren und Mayonnaise verrühren, gehackte Petersilie unterheben. Die andere Hälfte der Räucherforelle in dünne Scheiben schneiden. Alles kalt stellen.
Aus den Äpfeln mit einem Kugelausstecher kleine Perlen ausstechen und mit der Hälfte des Zitronensafts und etwas Zucker marinieren. Die Apfelperlen in kochendes Wasser geben und einmal aufkochen lassen. Den Staudensellerie schälen und in kleine Würfel schneiden, in Salzwasser bissfest kochen. Olivenöl, restlichen Zitronensaft, Salz und Pfeffer zu einer Vinaigrette verrühren. Selleriewürfel dazugeben. Das Räucherforellentatar in der Tellermitte anrichten, mit den Forellenscheiben und den Apfelperlen umlegen. Mit der Sellerievinaigrette beträufeln und mit Kerbel, Dill und Preiselbeeren garnieren.

WEINTIPP
Arunda Brut Rosé, Sektkellerei Arunda-Vivaldi
Feine Perlage mit angenehmer Säure.

Tomaten-Zucchini-Salat mit gebackener Mozzarella

2 Tomaten
2 Zucchini
3 EL Olivenöl
Salz, Pfeffer
etwas Origano
4 Mozzarella-Kugeln (à 125 g)
1 Ei
Mehl
Semmelbrösel
Öl zum Frittieren
1 Bund Basilikum

Tomaten und Zucchini in Scheiben schneiden, in Olivenöl auf beiden Seiten anbraten, mit Salz und Pfeffer würzen und im Backofen bei 170 °C 5–6 Minuten garen. Mit Origano bestreuen und warm stellen. Mozzarella abtropfen, mit Mehl, Ei und Semmelbröseln panieren und in 170 °C heißem Öl 4–5 Minuten frittieren.
Tomaten und Zucchini auf dem Teller kreisförmig überlappend anrichten, Mozzarella in die Mitte legen. Mit geschnittenem Basilikum bestreuen.

WEINTIPP
Riesling, Schloss Juval
Feiner Aprikosenduft und rassige Säure.

Kalbskopf mit Zwiebeln und Essig

500 g Kalbskopf (gekocht beim Metzger kaufen)
1 große Zwiebel
4 EL Sonnenblumenöl
FÜR DIE VINAIGRETTE:
100 ml Olivenöl
8 EL Rotweinessig
Salz, Pfeffer
½ l Rindsuppe (siehe Seite 72) oder Gemüsebrühe
ZUM ANRICHTEN:
30 g Vogerlsalat
30 g Rucola
etwas Kerbel
1 EL Schnittlauch, in Röllchen

Für die Vinaigrette Olivenöl, Salz und Pfeffer mit Rotweinessig verrühren. Die Zwiebel in dünne Ringe schneiden, kurz in Sonnenblumenöl anschwitzen und mit drei Esslöffeln Brühe weich dünsten. Den Kalbskopf in der heißen Brühe wärmen. In Scheiben schneiden und auf Tellern anrichten, mit den Salaten und Kerbel garnieren, mit der Vinaigrette begießen und mit Schnittlauch bestreuen.

TIPP

Als Beilage kann man Röstkartoffeln servieren.

WEINTIPP

Sophie, Manincor
Eine zum Teil im Barrique ausgebaute Cuvée mit exotischer Note.

Kalbszunge mit Rohnen und Gemüsevinaigrette

1 kleine Kalbszunge (ca. 600–700 g)
2 mittelgroße Karotten
2 Stangen Staudensellerie
½ Stange Lauch
1 mittelgroße Zwiebel
ca. 10 Pfefferkörner
2 Lorbeerblätter
2 Rohnen (Rote Bete), gekocht
50 g Vogerlsalat
50 g Rucola
Salz, Pfeffer
Olivenöl
3 EL Rotweinessig
1 EL Schnittlauch, in Röllchen
½ l Rindsuppe (siehe Seite 72)

Die Hälfte des Gemüses in größere Stücke schneiden und zusammen mit den Pfefferkörnern und den Lorbeerblättern in einen Topf mit ca. 1,5 l Wasser geben. Zum Kochen bringen. Die Zunge dazugeben und ungefähr zwei Stunden kochen lassen. Wenn nötig, Wasser nachgießen, die Zunge muss immer bedeckt sein. Die Zunge herausnehmen, unter kaltem Wasser schälen. In dünne Scheiben schneiden.
Die andere Hälfte des Gemüses in kleine Würfel schneiden. In Salzwasser kurz aufkochen, abseihen und abtrocknen. Die geschälten Rohnen in dünne Scheiben schneiden. Salate waschen und trocken schleudern.
Für die Rotweinvinaigrette Salz und Pfeffer mit Essig verrühren und mit Öl aufschlagen, Gemüsewürfelchen und Schnittlauch untermischen.
Die Zunge in gesalzener Rindsuppe erwärmen, mit den Rohnen kreisförmig auf dem Teller anrichten, in die Mitte die Salate setzen und mit der Vinaigrette beträufeln.

WEINTIPP

Pinot Grigio Cornell, Kellerei Schreckbichl
Gehaltvoller Ruländer mit leichten Karamellaromen, ein Wein der drei bis vier Jahre gelagert werden kann.

Flusskrebse mit Spargel und Zucchiniblüten

25–30 Flusskrebse
600 g grüner Spargel
Salz, Pfeffer
1 nussgroßes Stück Butter
1 Prise Zucker
3 EL Olivenöl
4 Zucchiniblüten
2 Tomaten
8 Blätter Basilikum
Dill
FÜR DIE SAUCE:
125 g Sahne
Petersilie
Salz, Pfeffer, Muskatnuss

Die Flusskrebse unter fließend kaltem Wasser waschen, dann in kochendes Salzwasser geben und ca. 6 Minuten kochen. Herausnehmen und in Eiswasser abkühlen lassen.
Den Spargel mit der Butter und dem Zucker in Salzwasser bissfest kochen (ca. 10–12 Minuten). Die Tomaten häuten, vierteln und die Kerne entfernen. Das Fruchtfleisch in Filets schneiden. Das Basilikum in feine Streifen schneiden.
Die Sahne mit der Petersilie aufkochen, mit Salz, Pfeffer und Muskatnuss würzen und mit dem Stabmixer aufmixen.
Vier Flusskrebse ganz lassen und als Garnitur beiseite legen. Die restlichen Flusskrebse aus dem Panzer brechen, die Scheren aufschneiden und das Fleisch herausholen.
Die Zucchiniblüten halbieren und in heißem Olivenöl anbraten. Mit Salz und Pfeffer würzen. Herausnehmen.
In derselben Pfanne noch etwas Olivenöl erhitzen und die klein geschnittenen Spargelstangen andünsten. Das Krebsfleisch und die Tomatenstücke dazugeben und alles kurz durchschwenken. Mit Basilikum, Salz und Pfeffer würzen.
Die Zucchiniblüten auf Teller verteilen, den Flusskrebs-Spargel-Salat daneben anrichten. Mit der Petersiliensauce überziehen und mit frischem Dill und den ganzen Flusskrebsen garnieren.

WEINTIPP
Sauvignon Mock, Kellerei Bozen, St. Magdalena – Gries
Brennnessel-Holunder-Duft und sehr angenehme Säure.

Sulz von der gesurten Rinderzunge mit Gemüse
Löwenzahnsalat mit gekochtem Ei und Speck

Sulz von der gesurten Rinderzunge mit Gemüse

400 g Rinderzunge, gesurt
50 g Karotte
50 g Sellerie
50 g Lauch
2 Schalotten
ca. 1/4 l Rindsuppe (siehe Seite 72) oder Gemüsebrühe
4 Blatt Gelatine
Liebstöckel
Salz, Pfeffer
FÜR DIE VINAIGRETTE:
4 EL Olivenöl
1 Prise Salz
2 EL Rotweinessig
1 EL gehackte Petersilie
rosa Pfefferkörner
ZUM GARNIEREN:
50 g Kresse

Die gesurte Rinderzunge in nicht gesalzenem Wasser ungefähr zweieinhalb Stunden kochen. Herausnehmen und unter kaltem Wasser die Haut abziehen. Das Gemüse in kleine Würfel schneiden. In kochendes Salzwasser geben und zwei Minuten kochen. Abseihen und abtrocknen. Die Brühe aufkochen, mit Salz und Pfeffer würzen, vom Herd nehmen und die eingeweichte und ausgedrückte Gelatine darin auflösen. Liebstöckel dazugeben und zehn Minuten in der Brühe ziehen lassen. Wieder herausnehmen. Die Zunge in dünne Scheiben schneiden. Vier runde Formen (2 cm hoch, 10 cm im Durchmesser) mit Brühe ausgießen. Zunge und Gemüsewürfel hineinschichten, mit Brühe aufgießen und zwei Stunden kalt stellen. Für die Vinaigrette Salz mit Olivenöl und Essig gut verrühren, gehackte Petersilie und rosa Pfefferkörner dazugeben.
Die Sulz auf Teller stürzen, mit Kresse garnieren und mit der Vinaigrette beträufeln.

TIPP

Man kann die Sulz auch in eine Terrinenform geben und danach in Scheiben schneiden. Eventuell die Kresse mit einem Kartoffelgitter garnieren. Dafür eine rohe Kartoffel in hauchdünne Streifen schneiden, mit Butter bestreichen, auf Backpapier zu einem Gitter legen, mit Backpapier abdecken und bei Oberhitze ca. 5–10 Minuten backen.

WEINTIPP

Südtiroler Sekt Haderburg Brut, Alois Ochsenreiter, Haderburg
Erfrischender Sekt mit feiner Perlage, der mit diesem Gericht ausgezeichnet harmoniert.

Löwenzahnsalat mit gekochtem Ei und Speck

400 g junge Löwenzahnblätter
6 Eier
16 dünne Scheiben Speck
FÜR DIE VINAIGRETTE:
Salz, Pfeffer
4 EL Rotweinessig
1 TL Senf
2 EL Balsamico
1/8 l Olivenöl
8 Walnüsse, grob gehackt
ZUM GARNIEREN:
essbare Blumen oder Kapuzinerkresseblüten

Löwenzahn gut waschen und abtrocknen. Die Eier 7–8 Minuten kochen, abschrecken, schälen und halbieren. Den Speck 3–4-mal durchschneiden und in einer Pfanne kross braten. Salz, Pfeffer und Senf verrühren, Essig dazugeben und mit dem Öl aufschlagen.
Den Löwenzahnsalat zusammen mit den halbierten Eiern und dem Speck auf Tellern anrichten. Mit der Vinaigrette beträufeln und mit essbaren Blüten und Walnüssen garnieren.

WEINTIPP

Vernatsch Fass Nr. 9, Kellerei Girlan
Ein klassischer Südtiroler Vernatsch.

Gefüllte Kartoffeln mit Rührei

4 Kartoffeln (à 100 g)
Salz
2–3 Eier
50 g Sahne
2 EL gehackte Petersilie
20 g Butter
ca. 150 g gemischte Kräuter (Kerbel, Thymian, Majoran, Dill, Basilikum) und Vogerlsalat oder essbare Blüten
FÜR DIE VINAIGRETTE:
3 EL Balsamico
6 EL Olivenöl
Saft einer halben Zitrone
Salz, Pfeffer

Die Kartoffeln mit der Schale in Salzwasser ca. 45 Minuten kochen, abseihen, halbieren und etwas aushöhlen, warm stellen. Die Kräuter und den Vogerlsalat waschen, abtrocknen. Die Eier mit Sahne und der Hälfte der Petersilie verrühren, salzen. Die Eiermischung in zerlassener Butter stocken lassen (Rührei).
Für die Vinaigrette den Balsamico einmal aufkochen, mit Zitronensaft, Salz und Pfeffer verrühren und mit Olivenöl aufschlagen. Die restliche Petersilie untermischen. Den Salat aus Kräutern, Vogerlsalat und Blüten auf Teller verteilen, mit der Vinaigrette beträufeln, je zwei Kartoffelhälften darauf anrichten und das Rührei in die Kartoffeln füllen.

Gebackener Ziegenfrischkäse mit Akazienhonig und Birnen

180–200 g reifen Ziegenfrischkäse
120 g Mehl
1 Ei
1 Prise Salz
4 EL lauwarmes Wasser
1 EL Öl
ca. ½ l Sonnenblumenöl
2 Birnen (Williams)
⅛ l Wasser
50 g Zucker
Saft einer halben Zitrone
ca. 100 g Akazienhonig
100 g Haselnüsse, ganz oder grob gehackt und geröstet

Mehl, Salz, Ei und Wasser zu einem glatten Teig verkneten, mit Öl einpinseln und ungefähr eine Stunde im Kühlschrank ruhen lassen. Den Teig vor dem Weiterverarbeiten 20 Minuten bei Zimmertemperatur stehen lassen.
Die Birnen in Scheiben schneiden, mit Zitrone beträufeln. Wasser mit Zucker aufkochen, die Birnen kurz mitkochen, herausnehmen und abtrocknen. Den Teig auf einem bemehlten Tuch dünn ausrollen, über den Handrücken hauchdünn ausziehen, in vier Rechtecke von 20 x 20 cm schneiden. Auf jedes Teigstück ca. 40–50 g Ziegenkäse legen und wie ein Bonbon in den Teig wickeln. In heißem Öl goldgelb frittieren.
Die Birnen auf Tellern anrichten, den Käse drauflegen und mit Akazienhonig beträufeln, mit den gerösteten Haselnüssen garnieren.

TIPP

Sie können auch fertigen Strudelteig nehmen.

WEINTIPP

Riesling, Josef Kerschbaumer, Köfererhof
Ein erstklassiger Riesling mit Pfirsich- und Honignoten.

Gefüllte Kartoffeln mit Rührei
Gebackener Ziegenfrischkäse mit Akazienhonig und Birnen

Salatteller mit gebratener Hühnerbrust

400 g gemischter Salat (Rucola, Radicchio, Vogerlsalat, Lollo rosso, Frisée, Löwenzahn)
Salz, Pfeffer
3 EL Oliven- oder Nussöl
5 EL Balsamico
4 Poulardenbrüste (à 120 g)
Rosmarin
Thymian

Salz und Pfeffer mit Balsamico verrühren und mit Olivenöl oder Nussöl aufschlagen. Die Hühnerbrüste mit Salz und Pfeffer würzen und in einer heißen Pfanne auf der Hautseite zwei Minuten anbraten, dann wenden.
Rosmarin und Thymian dazugeben und im heißen Backofen bei 160 °C in ca. fünf Minuten fertig garen. Herausnehmen und 2–3 Minuten ruhen lassen. Salate in eine Schüssel geben, mit Vinaigrette vermischen, auf Tellern anrichten. Das Fleisch in Scheiben schneiden und um den Salat verteilen.

Gegrillte Steinpilze mit Pecorino und gebratenen Kartoffeln

600 g Steinpilze
4 EL Olivenöl
1 EL gehackte Petersilie
300 g Kartoffeln
Salz, Pfeffer
4 EL Sonnenblumenöl
1 Zweig Rosmarin
2–3 EL Nussöl
150 g Pecorino
2 Scheiben Toastbrot, ohne Rinde
1 TL Butter
etwas Kerbel

Kartoffeln mit Schale in Salzwasser ca. 45 Minuten kochen, abseihen und abkühlen lassen. Wenn sie vollständig ausgekühlt sind, schälen, in 1 cm dicke Scheiben schneiden und in Sonnenblumenöl auf beiden Seiten anbraten. Salzen und warm stellen. Die Steinpilze putzen, mit einem feuchten Tuch abreiben und in 0,5 cm dicke Scheiben schneiden. Vom Rosmarinzweig die Nadeln abstreifen, klein hacken und mit Nussöl verrühren. Den Pecorino grob hobeln. Das Toastbrot in kleine Würfelchen schneiden und in Butter rösten.
Die Steinpilze in einer Pfanne mit Olivenöl auf beiden Seiten anbraten, würzen, mit Petersilie bestreuen und bei 160 °C für 5–6 Minuten in den Backofen schieben.
Auf Tellern anrichten. Die Kartoffeln dazugeben, mit dem Pecorino und den Brotwürfeln bestreuen, mit Rosmarinöl beträufeln und mit Kerbel garnieren.

WEINTIPP

Blauburgunder Sanct Valentin, Kellerei St. Michael-Eppan
Wird im Barriquefass ausgebaut. Sehr viel Potenzial, Aromen von Dörrpflaumen, Waldfrüchten und mit einem Hauch von Leder und Tabak. Ein Wein, der sich mit den Jahren sicher positiv entwickelt.

Salatteller mit gebratener Hühnerbrust
Gegrillte Steinpilze mit Pecorino und gebratenen Kartoffeln

Spargelsalat mit gebackenem Hühnerei

400 g weißer Spargel
20 g Butter
1 Prise Zucker
200 g grüner Spargel
12–15 Cocktailtomaten
3 EL Olivenöl
1 TL gehackte Petersilie
Salz, Pfeffer
4 frische Eier
1 l Wasser
⅛ l Essig
100 g Semmelbrösel
1 Ei
Öl zum Frittieren
FÜR DIE SAUCE:
200 g Sahne
1 EL gehackte Petersilie
1 Messerspitze Safran
Salz, Pfeffer
ZUM GARNIEREN:
etwas Kerbel

Den geschälten weißen Spargel mit etwas Butter und einer Prise Zucker in Salzwasser bissfest kochen. Den grünen Spargel nur bis zur Hälfte schälen und in reichlich Salzwasser knapp gar kochen (ca. 7–9 Minuten). Den grünen und weißen Spargel herausnehmen und erkalten lassen. Die Cocktailtomaten kurz in kochendes Wasser tauchen, häuten. Einen Liter Wasser zum Kochen bringen, salzen, den Essig dazugeben. Die Eier darin pochieren. Dazu jedes Ei in einer Tasse aufschlagen, ohne das Eigelb zu verletzen, und dann ins Essigwasser gleiten lassen, fünf Minuten ziehen lassen, vorsichtig herausnehmen und auf Küchenpapier abtropfen. Die pochierten Eier vorsichtig in verquirltem Ei wenden und mit Semmelbröseln panieren, in heißem Öl goldgelb ausbacken. Die Sahne mit Safran, Salz und Pfeffer aufkochen und bis zur Hälfte reduzieren, Petersilie hinzufügen.
Den Spargel in mundgerechte Stücke schneiden und in einer Pfanne mit Olivenöl leicht anziehen lassen, die gehackte Petersilie dazugeben und mit Salz und Pfeffer würzen. Auf Tellern anrichten, die Eier dazulegen, mit Sauce beträufeln und mit Kerbel garnieren.

WEINTIPP

Südtiroler Sauvignon, Weingut Niklaserhof, Josef Sölva
Feiner, dezenter, angenehmer Sauvignon – ein Wein für laue Sommerabende.

Gebratener Chicorée mit Nüssen und Balsamico

500–600 g Chicorée
Salz, Pfeffer
1 TL Staubzucker
Saft einer halben Zitrone
6 EL Olivenöl
70 g Walnüsse
4 EL alter Balsamico
ZUM GARNIEREN:
1 kleiner Peperoncino
Rosmarin und bunte Kresse

Den Chicorée in warmem Wasser 20 Minuten wässern, um die Bitterstoffe zu mildern. Herausnehmen, abtrocknen, halbieren oder vierteln und mit Zitronensaft und Staubzucker marinieren. Mit Salz und Pfeffer würzen und in heißem Öl auf allen Seiten goldgelb braten. Bei 170 °C im Backofen 5–8 Minuten weitergaren. Die Nüsse grob zerkleinern, den Peperoncino in feine Ringe schneiden. Den Chicorée auf Tellern anrichten, mit Nüssen bestreuen und mit altem Balsamico beträufeln.
Mit Rosmarin, bunter Kresse und Peperoncino garnieren.

Eisbergsalat mit gebratenen, in Sesam gerollten Garnelen

350 g Eisbergsalat
15–20 Cocktailtomaten
20 Garnelen
70 g Sesam
4 EL Olivenöl
FÜR DIE VINAIGRETTE:
Salz, Pfeffer
Saft einer Zitrone
4 EL Oliven- oder Distelöl
ZUM GARNIEREN:
Kerbel

Die Cocktailtomaten kurz in kochendes Wasser tauchen und schälen. Salz und Pfeffer mit Zitronensaft verrühren und mit Oliven- oder Distelöl aufschlagen. Die Garnelen schälen und den Darm entfernen. Kurz wässern, abtrocknen und anschließend in Öl auf beiden Seiten je zwei Minuten braten. Herausnehmen und in Sesam wälzen.
Den Eisbergsalat und einige Cocktailtomaten in die Mitte des Tellers geben, mit Vinaigrette beträufeln und mit den Sesamgarnelen und etwas frischem Kerbel garnieren.

WEINTIPP
Chardonnay Sanct Valentin, Kellerei St. Michael-Eppan
Feines Aroma von exotischen Früchten und Vanille, einige Jahre lagerfähig.

Warme Vorspeisen

Rohnen-Nocken mit Kraut und Speck

FÜR DIE NOCKEN:
200 g trockenes Weißbrot (einige Tage alt), gewürfelt
100 g Rohnen (Rote Bete), gekocht
1 EL Mehl
Salz, Pfeffer
2 Eier
50 g Lauch, in Streifen
50 g Zwiebel, klein gehackt
1 TL Butter
1 EL Sonnenblumenöl
FÜR DIE BEILAGE:
200 g Weißkraut
1 mittelgroße Zwiebel, in Streifen
etwas Öl
$^1/_4$ l Weißwein
Salz, Pfeffer, Kümmel
ZUM ANRICHTEN:
20 dünne Scheiben Speck
1 EL Schnittlauch, in Röllchen
2 EL Parmesan, gehobelt
50 g Butter

Brot mit etwas Wasser befeuchten, kurz quellen lassen, mit Mehl bestäuben und mit Salz und Pfeffer würzen.
Die klein gehackten Rohnen in ein Spitzsieb geben und die Restflüssigkeit ausdrücken, dann mit dem Brot vermischen. Lauch zum Brot geben. Zwiebel in Butter und Öl anschwitzen und zur Brotmasse geben. Die Eier dazugeben und alles zu einem Teig verkneten, kalt stellen und 30 Minuten ruhen lassen.
Zwiebel in Öl goldgelb werden lassen, das in dünne Streifen geschnittene Weißkraut dazugeben, mit Salz, Pfeffer und Kümmel würzen und kurz dünsten. Mit Weißwein ablöschen und fertig garen.
Aus der Brotmasse Nocken formen und ca. zehn Minuten in Salzwasser kochen lassen.
Speck in mundgerechte Stücke schneiden und in einer heißen Pfanne auf beiden Seiten kurz anbraten.
Weißkraut auf den Teller geben, Nocken darauf legen und mit Speck garnieren. Mit Parmesan und Schnittlauchröllchen bestreuen sowie mit goldgelber, flüssiger Butter beträufeln.

TIPP

Damit die Nocken eine schöne rote Farbe bekommen, sollten Sie den Saft der Rohnen unbedingt gut ausdrücken.

WEINTIPP

Südtiroler St. Magdalener, Weinkellerei Hans Rottensteiner
Typischer Magdalener mit leichtem Mandelaroma.

Feine Bandnudeln mit Cocktailtomaten und Basilikum

FÜR DEN NUDELTEIG:
150 g Weizenmehl
150 g Hartweizenmehl
4 Eigelb
1 Ei
FÜR DIE SAUCE:
400 g Cocktailtomaten
5 EL Olivenöl
20 g Butter
Salz, Pfeffer
2 Stängel Basilikum
ZUM GARNIEREN:
8 Basilikumblätter

Die Mehlsorten vermischen und mit Ei und Eigelb zu einem glatten Teig verkneten. Kalt stellen.
Die gewaschenen Cocktailtomaten vierteln und in Olivenöl anziehen lassen, würzen und mit der Butter cremig rühren. Das Basilikum in dünne Streifen schneiden und zur Sauce geben.
Den Nudelteig auf einer bemehlten Arbeitsfläche dünn ausrollen und in dünne Streifen schneiden. In reichlich Salzwasser bissfest kochen. Die abgetropften Nudeln in die heiße Sauce geben, untermischen und mit Basilikumblättchen garniert servieren.

TIPP

Wenn es schnell gehen soll, können Sie natürlich fertige Bandnudeln verwenden.

Vollkornnudeln mit grünem Spargel und Pfifferlingen

FÜR DEN NUDELTEIG:
150 g Weizenmehl
200 g Weizenvollkornmehl
4 Eigelb
2 Eier
FÜR DIE SAUCE:
250 g dünner grüner Spargel
200 g Pfifferlinge
3 EL Olivenöl
20 g Butter
Salz, Pfeffer
Gemüsebrühe
ZUM GARNIEREN:
ca. 15 Basilikumblätter
125 ml Kalbssauce (siehe Seite 38)

Die beiden Mehlsorten vermischen, Eier und Eigelb verquirlen, zum Mehl geben und alles zu einem festen, glatten Teig verkneten. In Folie eingewickelt an einem kühlen Ort ruhen lassen.
Vom Spargel nur die untere Hälfte schälen und ca. 6–7 Minuten in Salzwasser kochen. Herausnehmen und kurz mit kaltem Wasser abschrecken.
Die Basilikumblätter in heißem Öl frittieren und auf Küchenpapier abfetten lassen.
Die geputzten, gewaschenen und abgetrockneten Pfifferlinge in heißem Olivenöl einige Minuten dünsten, in ein Sieb gießen und die Flüssigkeit auffangen.
Den Teig danach auf einer bemehlten Fläche dünn ausrollen und in ca. 1 cm breite Streifen schneiden.
Die Bratenflüssigkeit der Pfifferlinge aufkochen, Butter und Olivenöl dazugeben, alles kurz kochen lassen und mit Salz und Pfeffer würzen. Die Pfifferlinge untermischen.
Die Bandnudeln in Salzwasser bissfest kochen (ca. 3–4 Minuten), in einem Sieb abtropfen und zur Sauce geben. Den in heißer Brühe erwärmten Spargel sternförmig auf die Teller legen. In die Mitte ein Nudelhäufchen setzen, mit der Kalbssauce umgießen und mit den frittierten Basilikumblättern garnieren.

WEINTIPP

Südtiroler Sauvignon Oyèll, Landeskellerei Laimburg
Schöner, fruchtiger Sauvignon mit Aromen von Holunder und Schwarzen Johannisbeeren. Sehr anhaltend am Gaumen, langer Nachklang.

Feine Bandnudeln mit Cocktailtomaten und Basilikum
Vollkornnudeln mit grünem Spargel und Pfifferlingen

Schwarzplentene Nudeln mit Speck und Lauch

FÜR DIE NUDELN:
100 g Buchweizenmehl (Schwarzplent)
200 g Weizenmehl
4 Eier
etwas Wasser
FÜR DIE SAUCE:
120 g Speck, in Streifen
100 g Lauch, in Streifen
4 EL Olivenöl
Salz, Pfeffer
2 EL Wasser
50 g Butter
1 EL fein gehackte Petersilie
8 Zweige Thymian, gehackt
ZUM GARNIEREN:
Schnittknoblauch (falls vorhanden)

Für den Nudelteig die Mehlsorten vermischen, mit den Eiern verrühren und mit ein wenig Wasser zu einem glatten (nicht zu festen) Teig verkneten. In Folie wickeln und ruhen lassen. Den Nudelteig auf einer bemehlten Fläche dünn ausrollen, in ca. 1 cm breite Bandnudeln schneiden, auf ein bemehltes Tuch legen und kalt stellen.
Lauch leicht in Olivenöl anschwitzen, den Speck dazugeben. Mit Wasser aufgießen und mit der Butter zu einer cremigen Sauce verrühren. Mit Salz und Pfeffer abschmecken, Petersilie und Thymian dazugeben.
Bandnudeln in Salzwasser bissfest kochen (ca. 2–3 Minuten), abseihen und zur Sauce geben. Gut unterheben, auf Tellern anrichten und mit Schnittknoblauch garnieren.

WEINTIPP

Lagrein Riserva Select, Weinkellerei Hans Rottensteiner
Gehaltvoller, samtiger Lagrein mit schöner Veilchennote. Ausgezeichnetes Preis-Leistungs-Verhältnis.

Spinatspatzln mit Schinken und Sahne

FÜR DIE SPATZLN:
250 g Mehl
250 g Blattspinat (oder 150 g Tiefkühl-Spinat)
Salz, Pfeffer, Muskatnuss
4 Eier
FÜR DIE SAUCE:
300 g Sahne (oder 150 g Milch und 150 g Sahne)
20 g Butter
1 TL Mehl
1/2 Zwiebel, in Würfel geschnitten
Salz, Muskatnuss
100 g gekochter Schinken
4 EL Parmesan, gerieben

Den Spinat putzen, waschen und in Salzwasser 2–3 Minuten kochen, anschließend kurz in kaltem Wasser abschrecken, gut ausdrücken. Den Spinat mit den Eiern im Mixer fein mixen.
Das Mehl in eine Schüssel sieben, den Spinat dazugeben, mit Salz, Pfeffer und Muskatnuss würzen. Alles mit einem Kochlöffel (oder mit dem Knethaken der Küchenmaschine) zu einem zähflüssigen Teig verrühren und diesen 15 Minuten ruhen lassen.
Zwiebelwürfel in Butter glasig anschwitzen, das Mehl einrühren und mit der kochenden Sahne (bzw. mit der Sahne und der Milch) aufgießen. Ungefähr fünf Minuten köcheln lassen. Mit Salz und Muskatnuss abschmecken, durch ein Sieb gießen und warm stellen. Den Schinken in dünne Streifen schneiden und zur Sahnesauce geben.
Reichlich Salzwasser zum Kochen bringen. Den Teig mit dem Spatzlhobel portionsweise ins Wasser hobeln. Kurz aufkochen, mit dem Sieb herausfischen, kurz mit kaltem Wasser abschrecken und gut abgetropft in eine Schüssel geben. Auf diese Weise weiter verfahren, bis der Teig aufgebraucht ist. Die Spatzln in der heißen Sahnesauce erwärmen. Mit geriebenem Parmesan garnieren.

TIPP

Als Alternative für heiße Tage: Die Spinatspatzln mit Rohschinkenstreifen und Salbeibutter servieren.

WEINTIPP

Südtiroler Weißburgunder Schulthauser, Kellerei St. Michael-Eppan
Zählt zu den besten Weißburgundern Südtirols. Wein mit herrlicher Apfelnote (Gravensteiner, Golden Delicious), der es mit robusten Vorspeisen aufnehmen kann.

Schwarzplentene Nudeln mit Speck und Lauch
Spinatspatzln mit Schinken und Sahne

Grüne Gnocchi mit Steinpilzen

FÜR DIE GNOCCHI:
400–500 g mehlige Kartoffeln, gekocht und passiert
250 g Blattspinat (oder 150 g Tiefkühl-Spinat)
50 g Butter
4 Eigelb
100 g Mehl
Salz, Pfeffer, Muskatnuss
1 EL Sonnenblumenöl
FÜR DIE SAUCE:
250 g Steinpilze
6 EL Sonnenblumenöl
150 g Sahne
1/8–1/4 l Kalbssauce
Salz, Pfeffer

Den Spinat in Salzwasser blanchieren, im kalten Wasser abschrecken, gut ausdrücken und fein hacken.
Die passierten Kartoffeln erkalten lassen, mit Salz, Pfeffer und Muskatnuss würzen und mit Eigelb und flüssiger Butter gut verrühren, den Spinat gut untermengen. Das Mehl zur Masse geben und alles schnell zu einem Teig verkneten (nur kurz kneten, da die Masse sonst zu klebrig wird!). Daraus Gnocchi formen und 2–3 Minuten in Salzwasser kochen lassen. Herausnehmen, in kaltem Wasser abschrecken, abseihen. Damit die Gnocchi nicht zusammenkleben, vorsichtig 1 EL Öl dazugeben.
Die Steinpilze putzen und mit einem feuchtem Tuch abreiben, nicht zu klein schneiden und in etwas Öl anziehen lassen, mit Sahne und Kalbssauce aufgießen, mit Salz und Pfeffer würzen und cremig einkochen.
Die Gnocchi kurz in heißem Salzwasser erwärmen, unter die Sauce heben und servieren.

TIPP

Die Gnocchi lassen sich gut vorbereiten. Sie können gekocht bis zur weiteren Verarbeitung problemlos im Kühlschrank aufbewahrt werden.

WEINTIPP

Blauburgunder, Ignaz Niedrist
Wenn Niedrists Blauburgunder mit Waldfrüchtenote gelingen, zählen sie zu den besten Burgundern Südtirols.

Kalbssauce

1 kg Kalbsknochen
2 Karotten
1 Stangen Staudensellerie
1/2 Stange Lauch
1 große Zwiebel
1 EL Tomatenmark
1/2 l Rotwein
2 Lorbeerblätter
10 Pfefferkörner
eventuell Sonnenblumenöl zum Anbraten

Die Knochen waschen, abtrocknen und in einen Bräter legen. Im auf 180 °C vorgeheizten Backofen eine Stunde rösten, dabei öfter umrühren. Die Knochen in einen Topf umfüllen, auf den Herd stellen und weiterrösten. Die Zwiebel und das Gemüse in grobe Stücke schneiden und zusammen mit den Pfefferkörnern und Lorbeerblättern zu den Knochen geben, etwas mitrösten lassen, dann das Tomatenmark unterrühren. Mit der Hälfte des Weins ablöschen und einreduzieren, mit dem restlichen Wein ablöschen und erneut einkochen lassen. Mit 3–4 l Wasser aufgießen, aufkochen und langsam eineinhalb Stunden köcheln lassen. Dabei den Schaum öfter abschöpfen. Die Sauce durch ein Sieb passieren und noch einmal eine halbe Stunde einkochen lassen.

Schlutzkrapfen

FÜR DEN TEIG:
125 g Roggenmehl
125 g Weizenmehl
2 Eier
30 g Butter
100 ml lauwarme Milch
FÜR DIE FÜLLUNG:
300 g Blattspinat (oder 200 g Tiefkühl-Spinat)
1 Zwiebel
1 Knoblauchzehe
2 EL Olivenöl
50 g Parmesan, gerieben
100 g Topfen (Quark) oder Ricotta
Salz, Pfeffer, Muskatnuss
ZUM ANRICHTEN:
Schnittlauch, in Röllchen
50 g Parmesan, gehobelt
50 g Butter

Für den Teig das Mehl auf ein Nudelbrett sieben, die Eier dazugeben. Die Butter in der lauwarmen Milch schmelzen lassen. Die Milch zum Mehl geben und alles zu einem geschmeidigen Teig verkneten. Den Teig eine Stunde im Kühlschrank ruhen lassen.
Für die Füllung die Zwiebel und den Knoblauch klein hacken und in einem Topf mit Olivenöl andünsten. Den gewaschenen und gut abgetropften Spinat dazugeben, mit Salz und Pfeffer würzen und einige Minuten weich dünsten. Kurz abkühlen lassen, mit den Händen ausdrücken, passieren oder klein hacken. Den Topfen untermischen, mit Salz und Pfeffer würzen und mit Parmesan und Muskatnuss verfeinern.
Den Nudelteig auf einem bemehlten Brett dünn ausrollen und kreisförmige Teigblätter mit einem Durchmesser von 7–8 cm ausstechen. In die Mitte der Teigblätter etwas von der Spinatfüllung geben, den Teig zu Halbmonden zusammenfalten, die Enden mit den Fingerkuppen zusammendrücken. Die Schlutzkrapfen in kochendes Salzwasser geben und 4–5 Minuten kochen lassen, herausnehmen, in einem Sieb abtropfen lassen und auf einem Teller anrichten. Den gehobelten Parmesan und die Schnittlauchröllchen darüberstreuen sowie mit hellbrauner Butter begießen.

WEINTIPP

Kalterersee Auslese Classico Bischofsleiten, Castel Sallegg
Klassischer Kalterersee mit vollem Körper und typischem Mandelaroma, im Geschmack samtig, weicher Abgang.

Schwarzplentene Knödel mit Sauerkraut und Kümmelbutter

FÜR DIE KNÖDEL:
350 g Buchweizenmehl (Schwarzplent), grob gemahlen
100 g Weizenmehl
100 g Lauch, in dünnen Streifen
100 g Zwiebel, fein gehackt
2 EL Schnittlauch, in Röllchen
1 TL Butter
1 EL Sonnenblumenöl
Wasser nach Bedarf
Salz, Pfeffer
1 Ei
FÜR DIE BEILAGE:
250 g Sauerkraut
10 Pfefferkörner
2 Knoblauchzehen
1 Lorbeerblatt
100 g durchwachsener Speck
1 kleine Zwiebel, fein gehackt
50 g Butter
20 g Mehl
ZUM ANRICHTEN:
1 EL Kümmel
50 g Butter

Das Sauerkraut kalt abwaschen und in einen Topf geben, mit Wasser bedecken. Knoblauch, Pfefferkörner und Lorbeerblatt in ein kleines Tuch binden und zusammen mit dem Speck zum Sauerkraut geben. Alles zum Kochen bringen und ungefähr eine Stunde köcheln lassen.
Die Zwiebel in Butter anziehen lassen und mit dem Mehl verrühren. Das gekochte Sauerkraut dazugeben, mit Salz und Pfeffer würzen und warm stellen.
Für die Knödelmasse das Buchweizenmehl und das Weizenmehl vermischen, salzen und pfeffern. Zwiebel in Butter und Öl anziehen lassen, Lauchstreifen dazugeben und kurz mitdünsten. Leicht abkühlen lassen und zusammen mit dem Schnittlauch zum Mehl geben. Alles gut vermengen, dann das Ei dazugeben. Das Wasser löffelweise unterrühren (Vorsicht, nicht zu viel Wasser!) und alles zu einem Teig verkneten. Den Teig 45 Minuten ruhen lassen, danach aus der Masse Knödel formen und 12–15 Minuten in Salzwasser kochen lassen.
In der Zwischenzeit das Sauerkraut noch einmal erwärmen. Butter hellbraun zerlassen, den Kümmel einrühren.
Das Sauerkraut mit den Knödeln auf Tellern anrichten und mit der Kümmelbutter übergießen.

TIPP

Aus der Knödelmasse lassen sich auch Nocken formen, dabei kann man ein Stückchen Bergkäse hineindrücken.

WEINTIPP

St. Magdalener Rondell, Franz Gojer, Glögglhof
Ein eher kräftiger Magdalener, aber dennoch sehr elegant; zählt zu den besten Magdalenern Südtirols.

Spinatknödel mit Nüssen und Kürbisstreifen

FÜR DIE KNÖDEL:
200 g trockenes Weißbrot (einige Tage alt), in Würfel geschnitten
300 g Blattspinat (oder 150 g Tiefkühl-Spinat)
Salz, Pfeffer, Muskatnuss
2 Eier
1 Zwiebel, in Würfel geschnitten
30 g Butter
2 El Sonnenblumenöl
1 EL Parmesan
ZUM ANRICHTEN:
ca. 30 g Walnüsse, grob gehackt
ca. 30 g Kürbis, in Streifen
1 EL Olivenöl
2 EL Bergkäse (oder Parmesan), gehobelt
30 g Butter

Den Spinat in Salzwasser blanchieren, in kaltem Wasser abschrecken und gut ausdrücken, dann fein hacken und mit den Eiern im Mixer aufmixen.
Das Brot mit ca. 4–5 Esslöffeln Wasser befeuchten und mit Salz, Pfeffer und Muskatnuss würzen. Die Zwiebelwürfel in Butter und Öl goldgelb anschwitzen.
Zwiebel, Parmesan und Spinatmasse zum Brot geben und alles vermischen. (Falls die Knödelmasse zu feucht ist, fügt man noch etwas Knödelbrot und 1–2 Esslöffel Semmelbrösel zu.) Kurz ruhen lassen. Anschließend daraus Knödel formen und in Salzwasser zehn Minuten kochen. Kürbisstreifen kurz in Olivenöl dünsten.
Die Knödel auf Teller geben und mit Nüssen und Kürbisstreifen anrichten. Bergkäse darüberstreuen und mit hellbrauner Butter beträufeln.

TIPP
Die optimale Konsistenz der Knödelmasse hängt von vielen Faktoren ab, z. B. von der Größe der Eier, der Beschaffenheit des Brotes bzw. der Feuchtigkeit des Spinats. Sie sollten sich deshalb nicht scheuen, die Mengenangaben zu variieren. Um sicher zu gehen, dass die Knödel nicht zerfallen, sollten Sie vorher einen Probeknödel kochen.

WEINTIPP
Südtiroler Weiß, Baron Widmann
Eine Cuvée aus Chardonnay und Weißburgunder, die im großen Holzfass ausgebaut wird. Sehr mineralische Note und schön eingebundene Säure.

Kasnocken auf Rohnen mit Lauch

FÜR DIE NOCKEN:
200 g trockenes Weißbrot (einige Tage alt), in Würfel geschnitten
4 EL Milch
2 EL Schnittlauch, in Röllchen
1 kleine Zwiebel
2 EL Öl
1 TL Butter
1 EL Mehl
Salz, Pfeffer
ca. 50 g Bergkäse
ca. 50 g Gorgonzola
2 kleine Eier
FÜR DIE BEILAGE:
150 g Rohnen (Rote Bete), gekocht
Kümmel
2–3 EL Olivenöl
Salz, Pfeffer
100 g Lauch
ZUM ANRICHTEN:
3 EL Butter
3 EL gehobelten Bergkäse
1 TL Schnittlauch, in Röllchen

Für die Nocken das Brot mit der Milch anfeuchten, Schnittlauchröllchen darüberstreuen. Zwiebel in kleine Würfel schneiden, in Öl und Butter anschwitzen, zum Brot geben. Die Brotmasse mit Mehl bestreuen, mit Salz und Pfeffer würzen. Den Käse in kleine Würfel schneiden und mit den Eiern unter den Nockenteig rühren. Eine halbe Stunde ruhen lassen.
Rohnen in dünne Scheiben schneiden, kurz in Olivenöl anziehen lassen, mit Salz, Pfeffer und Kümmel würzen. Lauch in dünne Ringe schneiden, in Olivenöl anschwitzen, salzen und pfeffern. Aus dem Teig Nocken formen und 10–12 Minuten in Salzwasser kochen.
Die Rohnen kreisförmig auf Tellern anrichten, die Nocken darauflegen, Lauch darüberverteilen und mit zerlassener Butter beträufeln. Mit Bergkäse und Schnittlauch garnieren.

WEINTIPP
Ruländer, Josef Huber, Pacherhof
Hochklassiger Ruländer aus dem Eisacktal, im Akazienfass ausgebaut.

Terlaner Spargel mit Kräuterschinken und neuen Kartoffeln

1 kg Terlaner Spargel
15 g Butter
Salz
1 TL Zucker
12 Scheiben Kräuterschinken
12 kleine neue Kartoffeln, gekocht
70 g Butter
2 EL Parmesan, gerieben
1 EL gehackte Petersilie

Salzwasser zum Kochen bringen, Zucker, ein nussgroßes Stück Butter und den geschälten Spargel dazugeben, in 15–20 Minuten bissfest kochen (je nach Stärke der Stangen).
Den Spargel, die gekochten Kartoffeln und den Schinken auf vorgewärmten Tellern anrichten.
Den Spargel mit Parmesan und die Kartoffeln mit Petersilie bestreuen, zum Schluss alles mit schäumender Butter begießen.

TIPP

Wenn Sie keinen Terlaner Spargel bekommen, nehmen Sie einfach einen qualitativ hochwertigen Spargel aus einem anderen Anbaugebiet. Zu diesem Gericht kann man eine Bozner Sauce servieren.

WEINTIPP

Sauvignon Quarz, Kellerei Terlan
Mineralischer Sauvignon mit langem Abgang.

Bozner Sauce

3 Eier
1/2 TL Senf
100 ml Sonnenblumenöl
1 EL Schnittlauch, in Röllchen
1 EL Essig
2 EL Weißwein
Saft einer halben Zitrone
Salz, weißer Pfeffer

Die Eier 6–8 Minuten kochen, abschrecken, schälen, Eigelb und Eiweiß trennen. Das Eigelb durch ein Sieb streichen, mit Salz, Pfeffer und Senf verrühren, dann das Öl langsam zugeben. Eiweiß fein hacken und mit Zitronensaft, Schnittlauch und Essig unter die Eigelbmasse rühren. Sauce zum Spargel servieren.

Grünkerntörtchen auf gebratenen Zucchini und Tomaten

FÜR DIE GRÜNKERNTÖRTCHEN:
150 g Grünkern
50 g Karotten
50 g Zucchini
1 Eigelb
2 Eiweiß
Salz
etwas Parmesan
FÜR DIE BEILAGE:
2 Tomaten, in Würfel geschnitten
2 Zucchini, in Scheiben
3 EL Olivenöl
etwas Origano
etwas gehackte Petersilie
Salz, Pfeffer
ZUM ANRICHTEN:
Kerbel
60 g Frischkäse
etwas Olivenöl extra vergine

Grünkern 4–5 Stunden in kaltem Wasser einweichen, abseihen und in Salzwasser weich kochen. Karotten und Zucchini in kleine Würfel schneiden, in Salzwasser kochen, abseihen und abtropfen lassen. Grünkern mit den Gemüsewürfelchen vermengen, würzen. Parmesan und Eigelb unterrühren. Das Eiweiß mit einer Prise Salz steif schlagen und vorsichtig unter die Grünkernmasse heben. Olivenöl in einer Pfanne erhitzen (nicht zu stark), eine runde Ausstechform mit einem Durchmesser von ca. 7 cm in die Pfanne legen und mit der Grünkernmasse füllen. Auf beiden Seiten anbraten und im 160 °C heißen Ofen ca. 6–7 Minuten fertig garen.
Die Zucchinischeiben auf beiden Seiten in Olivenöl braten, salzen und mit Origano sowie Petersilie bestreuen. Die Tomatenwürfel 2–3 Minuten in Olivenöl anziehen lassen. Die Zucchinischeiben und die Tomatenwürfel auf Teller geben, das Törtchen in die Mitte setzen, mit etwas Olivenöl beträufeln und mit Kerbel sowie einem Löffel Frischkäse garnieren.

TIPP
Man kann die Grünkernmasse portionsweise mit einem Löffel in die Pfanne setzen und flachdrücken, dann auf beiden Seiten braten.

Ziegentopfen-Nocken auf Kürbispüree mit Majoran

FÜR DIE NOCKEN:
350 g Ziegentopfen
50 g Topfen (Quark)
1/2 Zwiebel
Salz, Pfeffer, Muskatnuss
40 g Toastbrot ohne Rinde
4 Eigelb
70 g Mehl
FÜR DAS KÜRBISPÜREE:
300 g Speisekürbis, klein geschnitten
3 EL Sonnenblumenöl
200 ml Milch
125 g geschlagene Sahne
ZUM ANRICHTEN:
50 g Parmesan, gerieben
3 EL zerlassene Butter
Majoran
Bratensauce (wenn vorhanden)

Für die Topfennocken die Zwiebel klein hacken und in Öl goldgelb anschwitzen. Das Toastbrot in kleine Würfel schneiden. Topfen in eine Schüssel geben, die Zwiebel unterrühren, mit Salz, Pfeffer und Muskatnuss würzen. Eigelb und Toastbrot mit der Topfenmasse vermengen. Das Mehl darüber stäuben und nur kurz (!) unterrühren. Masse 25 Minuten kalt stellen.
Kürbisfleisch in Öl anziehen lassen, salzen und pfeffern, mit Milch aufgießen und weich kochen. 2–3 Esslöffel Kürbisfleisch in kleine Würfelchen schneiden und für die Garnitur beiseite stellen. Den restlichen Kürbis pürieren, die geschlagene Sahne unterziehen und warm stellen.
Aus dem Teig Nocken formen und in Salzwasser ca. 10–12 Minuten köcheln lassen.
Die Kürbiscreme auf Teller geben, die Nocken darauflegen und die Kürbiswürfelchen über den Nocken verteilen. Das Ganze mit Parmesan bestreuen und mit Butter beträufeln.
Mit Majoran und Bratensauce garnieren.

TIPP
Als ausgezeichnete milde Variante bietet sich auch die Verwendung von 350 g Ricotta anstatt Ziegentopfen an.

Grünkerntörtchen auf gebratenen Zucchini und Tomaten
Ziegentopfen-Nocken auf Kürbispüree mit Majoran

Radicchioravioli mit gebackener Zucchiniblüte

FÜR DEN NUDELTEIG:
200 g Weizenmehl
100 g Hartweizenmehl
3 Eigelb
1–2 Eier
FÜR DIE FÜLLUNG:
200 g Radicchio
1 mittelgroße Zwiebel
3 EL Sonnenblumenöl
$^1/_8$ l Rotwein
2 EL Parmesan
Salz, Pfeffer
100 g Mascarpone
FÜR DIE ZUCCHINIBLÜTEN:
50 g Stärkemehl
50 g Weizenmehl
etwas Wasser
4 Zucchiniblüten
Sonnenblumenöl zum Ausbacken
FÜR DIE SAUCE:
150 g Sahne
$^1/_2$ EL Parmesan, gerieben
1 EL gemischte Kräuter (Petersilie, Kerbel, Majoran)
ZUM ANRICHTEN:
150 g Kuh- oder Ziegenfrischkäse
4 Basilikumblätter

Radicchio klein schneiden, in lauwarmem Wasser 20 Minuten wässern.
Für den Nudelteig die Mehlsorten mischen, mit Eiern und Eigelb zu einem glatten Teig verkneten. Den Teig im Kühlschrank eine halbe Stunde zugedeckt ruhen lassen.
Für den Ausbackteig Stärkemehl, Weizenmehl und eine Prise Salz mit etwas Wasser zu einem cremigen, dickflüssigen Teig verrühren und kalt stellen.
Radicchio aus dem Wasser nehmen und trockentupfen. Die Zwiebel klein schneiden und in Öl anziehen lassen, den Radicchio dazugeben und mitdünsten. Mit Rotwein ablöschen, salzen und pfeffern. So lange einkochen lassen, bis keine Flüssigkeit mehr vorhanden ist. Vom Herd nehmen und erkalten lassen. Dann mit Mascarpone und Parmesan vermischen.
Sahne aufkochen, mit Salz und Pfeffer würzen, Parmesan und die gehackten Kräuter untermischen. Einmal aufkochen lassen, beiseite stellen.
Nudelteig auf einer bemehlten Fläche ausrollen, Kreise ausstechen, Radicchio-Füllung in die Mitte setzen und mit einem zweiten Teigblatt abdecken. Die Ränder fest andrücken.
Die Zucchiniblüten durch den Ausbackteig ziehen und in heißem Öl goldgelb frittieren.
Ravioli in kochendem Salzwasser 3–4 Minuten kochen. Inzwischen die Sahnesauce erwärmen.
Die Zucchiniblüten auf Teller legen, darauf die Ravioli anrichten und mit der Kräuter-Sahne-Sauce beträufeln. Mit einer Nocke Frischkäse und einem Basilikumblatt garnieren.

WEINTIPP
Südtiroler Merlot Riserva, Castel Sallegg
Feine Brombeernoten, ausgeprochen weicher, vollmundiger Wein mit langem Abgang und sehr ausgewogener Säure. Kann sechs bis acht Jahre gelagert werden.

Stockfischravioli mit Zwiebeln und Tomaten

FÜR DEN NUDELTEIG:
200 g Weizenmehl
50 g Roggenmehl
1 Ei
etwas Wasser
FÜR DIE FÜLLUNG:
300 g Stockfisch, entgrätet und gewässert (beim Fischhändler vorbestellen)
1 Stange Staudensellerie
1/2 Zwiebel
10 Pfefferkörner
1/2 TL grobes Salz
1 EL Olivenöl
1 kleine Zwiebel
200 g Sahne
Salz, Pfeffer
1 EL fein gehackte Petersilie
100 g gekochte, passierte Kartoffeln
FÜR DIE SAUCE:
1 mittelgroße Zwiebel
3 EL Olivenöl
20 Cocktailtomaten
Salz, Pfeffer
ZUM GARNIEREN:
10 Salbeiblätter
etwas Thymian

Den Stockfisch in ein Tuch einwickeln, zubinden und in einen Topf mit kaltem Wasser geben. Salz, Pfefferkörner, klein geschnittenen Sellerie und Zwiebel dazugeben und in ca. 35–40 Minuten weich kochen. Vom Stockfisch die Haut entfernen und abkühlen lassen.
Für den Nudelteig Roggen- und Weizenmehl mischen. Das Ei und nach und nach etwas Wasser dazugeben und zu einem festen Teig verkneten. In Frischhaltefolie wickeln und eine halbe Stunde kalt stellen.
Für die Füllung die Zwiebel in kleine Würfel schneiden und in Olivenöl goldgelb anschwitzen, den Stockfisch dazugeben, mit Salz und Pfeffer würzen, Sahne zufügen und cremig einkochen. Vom Herd nehmen und mit der gehackten Petersilie und den passierten Kartoffeln verrühren.
Den Nudelteig auf einer bemehlten Fläche ausrollen. Kreisförmige Teigblätter mit einem Durchmesser von ca. 8 cm ausstechen. Etwas von der Stockfischmasse in die Mitte setzen, den Rand mit Wasser bestreichen und ein zweites Teigblatt drauflegen. Die Ränder gut andrücken, dann hochklappen und in der Mitte zusammendrücken (Teig vorher mit etwas Wasser bestreichen). Kalt stellen.
Salbei und Thymian in heißem Öl frittieren und auf Küchenpapier abfetten lassen.
Für die Sauce die Zwiebel in Streifen schneiden und in Olivenöl goldgelb anziehen lassen. Cocktailtomaten vierteln, zur Zwiebel geben und mitdünsten, salzen und pfeffern.
Ravioli in Salzwasser in 3–4 Minuten bissfest kochen. Die Ravioli zur Sauce geben, vorsichtig vermischen und mit den frittierten Kräutern anrichten.

WEINTIPP
Südtiroler Merlot Riserva, Castel Sallegg
Feine Brombeernoten, ausgeprochen weicher, vollmundiger Wein mit langem Abgang und sehr ausgewogener Säure. Kann sechs bis acht Jahre gelagert werden.

Pappardelle mit Wildragout

FÜR DEN NUDELTEIG:
200 g Mehl
100 g Hartweizengrieß
3 Eigelb
2 Eier
FÜR DAS WILDRAGOUT:
400 g Wildfleisch (Reh oder Hirsch, vom Metzger parieren lassen)
4 EL Sonnenblumenöl
1 große Zwiebel, in Würfelchen
2 Lorbeerblätter
einige Wacholderbeeren
4 Zweige Thymian
1 Zweig Rosmarin
10 Pfefferkörner
2 cl Gin
1 l Gemüsebrühe
$^1/_2$ l Rotwein
1 TL Tomatenmark
100 g geschlagene Sahne
ZUM GARNIEREN:
4 Zweige Thymian

Für den Teig die Mehlsorten vermischen, mit Eiern und Eigelb zu einem glatten Teig verkneten. In Frischhaltefolie wickeln und kalt stellen. Das Wildfleisch in ca. 1 cm große Würfel schneiden. Die Zwiebel in Öl anschwitzen. Das Fleisch dazugeben, würzen und so lange braten, bis die Bratenflüssigkeit eingekocht ist. Mit Gin und der Hälfte des Rotweins ablöschen und einkochen lassen. Das Tomatenmark kurz mitrösten, nochmals mit Rotwein ablöschen und reduzieren. Wacholder, Lorbeer, Thymian und Pfefferkörner in ein kleines Tuch binden und zum Fleisch geben. Mit Gemüsebrühe aufgießen und bei kleiner Hitze eine Stunde kochen lassen.
Den Nudelteig auf einer bemehlten Fläche dünn ausrollen, in breitere Streifen schneiden und in kochendem Salzwasser 2–3 Minuten bissfest kochen, abseihen. Die Nudeln zum Ragout geben, gut durchmengen, mit Schlagsahne verfeinern und mit Thymian garnieren.

TIPP

Das Ragout kann man mit einigen getrockneten Steinpilzen (vorher eine halbe Stunde in kaltem Wasser einweichen, dann mitkochen) oder mit frischen Pfifferlingen verfeinern.

WEINTIPP

Lagrein Dunkel Rueslhof, Weinkellerei Martini & Sohn
Nach Veilchen und Waldbeeren duftender Lagrein.

Kalbskopf-Kraut-Strudel mit Pfifferlingen

FÜR DEN STRUDEL:
350 g Blätterteig (frisch oder tiefgekühlt)
500 g Weißkraut
250 g Kalbskopf, in dünnen Scheiben
4 EL Olivenöl
1 kleine Zwiebel
1 Knoblauchzehe
etwas Kümmel
50 g Bergkäse, gehobelt
1 Ei
FÜR DIE BEILAGE:
200 g Pfifferlinge
2 EL Olivenöl
Salz, Pfeffer
etwas gehackte Petersilie
ZUM GARNIEREN:
Thymian
Balsamico

Die Pfifferlinge waschen und abtrocknen.
Das Kraut in grobe Streifen schneiden. Die Zwiebel und den Knoblauch in kleine Würfel schneiden, in Öl anschwitzen, das Kraut dazugeben, mit Salz und Pfeffer würzen und ca. 10 Minuten dünsten. Den Kümmel dazugeben, zur Seite stellen und abkühlen lassen. Mit Bergkäse verfeinern.
Den Blätterteig ausrollen, sodass eine Fläche von ca. 30 x 40 cm entsteht, mit Kraut und Kalbskopf belegen, zu einem Strudel zusammenrollen und mit verquirltem Ei bestreichen. Für ca. 20–30 Minuten in den 180 °C heißen Backofen schieben.
Die Pfifferlinge in Olivenöl anbraten, salzen und pfeffern und mit Petersilie bestreuen. Den Strudel aus dem Ofen nehmen und in 3–4 cm dicke Scheiben schneiden, auf Tellern anrichten und mit Pfifferlingen und Thymianblättchen garnieren. Mit einigen Tropfen Balsamico beträufeln.

TIPP

Sie können den Krautstrudel auch ohne Kalbskopf zubereiten.

Pappardelle mit Wildragout
Kalbskopf-Kraut-Strudel mit Pfifferlingen

Polenta-Lasagne mit Steinpilzen und Reh-Piccata

FÜR DIE POLENTA-LASAGNE:
200 g mittelfeines Polentamehl (Maisgrieß)
1 l Wasser
Salz
50 g Butter
FÜR DIE PILZE:
300 g Steinpilze
3 EL Olivenöl
20 g gehackte Petersilie
FÜR DIE REH-PICCATA:
200 g Rehrückenfilet
20 g Butter
Salz, Pfeffer
FÜR DIE BÉCHAMELSAUCE:
250 ml Milch
1 Lorbeerblatt
Salz, Pfeffer, Muskatnuss
10 g Butter
10 g Mehl
2–3 EL Parmesan
ZUM GARNIEREN:
Rosmarin

Salzwasser zum Kochen bringen. Das Polentamehl einrühren und ungefähr eine Stunde köcheln lassen, dabei öfter umrühren. Zuletzt die Butter einrühren und die Polenta auf einem geölten Backblech ca. 1 cm dick ausrollen. Kalt stellen.
Steinpilze zum Reinigen mit einem feuchten Tuch abwischen, klein schneiden und kurz in heißem Öl braten, salzen und pfeffern sowie mit Petersilie bestreuen.
Für die Béchamelsauce die Milch aufkochen, mit Salz, Pfeffer und Muskatnuss würzen, Lorbeerblatt dazugeben. Butter schmelzen lassen, mit dem Mehl vermischen und in die Milch einrühren, kurz aufkochen lassen. Mit Frischhaltefolie abdecken und beiseite stellen.
Aus der Polenta ca. 6–8 cm große Kreise ausstechen und in eine gebutterte Auflaufform legen. Steinpilze und Béchamel daraufgeben und mit Parmesan bestreuen. Den Vorgang Schicht für Schicht wiederholen. Für 25–30 Minuten in den 180 °C heißen Backofen schieben.
Das Rehfilet in dünne Scheiben schneiden und kurz in heißer Butter anbraten, salzen und pfeffern. Die Polenta-Lasagne auf den Teller geben, die Reh-Piccata anlegen und mit frischen Rosmarinzweigen garnieren.

WEINTIPP

Cabernet Merlot, Baron Widmann
Vollmundige Cuvée, mit Beerenaromen und würzigem Abgang. Ein Wein, der sich mit den Jahren positiv entwickelt.

Risotto mit grünem Spargel

260 g grüner Spargel
350 g Risottoreis (Arborio oder Vialone nano)
1 kleine Zwiebel
4 EL Olivenöl
1–1,2 l Wasser
Salz, Pfeffer
30 g Butter (oder 3 EL Olivenöl)
50 g Parmesan, gerieben

Die Spargelstangen bis zur Hälfte schälen und in Salzwasser 10–12 Minuten bissfest kochen. Herausnehmen, den Spargelsud für den Reis aufheben. Die Spargelstangen in Eiswasser abschrecken, die Spitzen ca. 3–4 cm lang abschneiden und beiseite legen. Den restlichen Spargel in kleine Würfel schneiden und die Hälfte davon im Mixer pürieren.
Die Zwiebel klein würfeln, in heißem Olivenöl anziehen lassen. Den Reis dazugeben und zwei Minuten mitziehen lassen, nach und nach mit dem Spargelsud aufgießen. Öfter umrühren. Nach 15 Minuten die Spargelwürfel und den pürierten Spargel dazugeben, noch einmal 2–3 Minuten kochen lassen. Den Topf vom Herd ziehen, Butter oder Olivenöl und Parmesan unterrühren, ruhen lassen. Mit den Spargelspitzen garniert servieren.

TIPP

Wenn man den Risotto als Hauptgericht servieren will, nimmt man 80 g Reis pro Person.

WEINTIPP

Sauvignon Stern, Erste & Neue Kellereigenossenschaft, Kaltern
Sehr frischer, fruchtiger Sauvignon mit starker Stachelbeernote.

Kürbisrisotto

260 g Risottoreis (Arborio oder Vialone nano)
1 kleine Zwiebel
Salz, weißer Pfeffer
4 EL Olivenöl
$^{1}/_{8}$ l Weißwein
1–1,2 l Rindsuppe (siehe Seite 72) oder Gemüsebrühe
50 g Parmesan, gerieben
50 g Butter (oder 3 EL Olivenöl)
FÜR DAS KÜRBISPÜREE:
200 g Kürbis
$^{1}/_{2}$ kleine Zwiebel
2 EL Olivenöl
200 g Sahne

Die Zwiebel fein hacken und in Olivenöl glasig anschwitzen. Risottoreis dazugeben und 2–3 Minuten mitdünsten. Mit Weißwein ablöschen und einkochen lassen. Nach und nach mit Brühe aufgießen, salzen und pfeffern. 15 Minuten sanft kochen lassen, dabei öfter umrühren.
In der Zwischenzeit den Kürbis in kleine Würfel schneiden. Die Zwiebel fein hacken und in Olivenöl kurz anziehen lassen, Kürbis dazugeben, mit Sahne aufgießen. Sobald der Kürbis weich ist, mit dem Stabmixer pürieren. Zum Reis geben und zwei Minuten mitkochen. Vom Herd ziehen und mit Butter (oder Olivenöl) und Parmesan verfeinern, eine Minute ruhen lassen.

TIPP

Sie können den Risotto auch mit Ziegenkäse oder gebackenem bzw. gebratenem Fisch (Lachsforelle oder Steinbutt) servieren.

WEINTIPP

Arunda Blanc de Blanc's Chardonnay, Sektkellerei Arunda-Vivaldi
Auch Südtiroler Sekt hat Noblesse, probieren Sie ihn!

Radicchiorisotto
Kürbisrisotto
Risotto mit grünem Spargel

Radicchiorisotto

260 g Risottoreis (Arborio oder Vialone nano)
1 kleine Zwiebel, in Würfel geschnitten
4 EL Olivenöl
1/2 l Rotwein (z. B. Lagrein)
1 l Rindsuppe (siehe Seite 72) oder Gemüsebrühe
50 g Parmesan, gerieben
50 g Butter (oder 3 EL Olivenöl)
200 g Radicchio Trevisano

Radicchio in dünne Streifen schneiden und in lauwarmem Wasser 20 Minuten wässern, gut abtrocknen. Radicchio in heißem Öl 2–3 Minuten anziehen lassen, mit der Hälfte des Weins ablöschen und einkochen lassen. Inzwischen die Zwiebel in Olivenöl goldgelb anschwitzen, Risottoreis dazugeben, zwei Minuten mitdünsten, dann mit dem restlichen Rotwein ablöschen und einkochen. Nach und nach mit Brühe aufgießen, ab und an umrühren. Zehn Minuten kochen lassen. Die Radicchiostreifen dazugeben und ca. 6–7 Minuten weiterkochen. Vom Herd nehmen, mit Butter (oder Olivenöl) und Parmesan verfeinern, eine Minute ruhen lassen.

TIPP

Radicchiorisotto können Sie mit mildem Gorgonzola verfeinern.

WEINTIPP

Arunda Cuvée Marianne, Sektkellerei Arunda-Vivaldi
Die beste Abfüllung von Sepp Reiterer: Vollmundiger, dichter Sekt; kann es mit der leichten Bitterkeit des Radicchio aufnehmen.

Gerstrisotto mit Kaminwurz

FÜR DEN RISOTTO:
200 g Gerste
50 g Karotten
50 g Lauch
1 kleine Zwiebel
1 Knoblauchzehe
1/2 l Geflügel- oder Gemüsebrühe
1 EL Parmesan
1 TL Butter
etwas Öl
1 Kaminwurz, in Streifen
ZUM GARNIEREN:
etwas gehackte Petersilie

Die Gerste über Nacht in kaltem Wasser einweichen. Den Lauch und die Karotten in kleine Würfel schneiden. Die Zwiebel und den Knoblauch fein hacken, beides in Olivenöl anbraten. Die abgetropfte Gerste dazugeben und mit Geflügel- oder Gemüsebrühe aufgießen, ca. zehn Minuten leicht kochen lassen. Gemüse dazugeben und so lange kochen lassen (ca. zehn Minuten), bis die Gerste eine cremige Konsistenz hat. Vom Herd ziehen, mit Butter und Parmesan verrühren.
Den Gerstrisotto auf die Teller verteilen, in die Mitte dünne Kaminwurzstreifen geben und das Ganze mit Petersilie garnieren.

TIPP

Statt Kaminwurz können Sie Hirsch- oder Wildschweinsalami nehmen.

WEINTIPP

Blauburgunder Riserva, Stroblhof
Eleganter, femininer Blauburgunder.

Gerstrisotto mit Kaminwurz

Spinat- und Krauttirtlen

FÜR DEN TEIG:
250 g Roggenmehl
250 g Weizenmehl
2 Eier
1 Prise Salz
50 g Buttermilch oder Naturjoghurt
ca. 1/4 l lauwarme Milch
FÜR DIE SPINATFÜLLUNG:
800 g frischen Spinat (oder 400 g Tiefkühl-Spinat)
1 Zwiebel
2 Knoblauchzehen
20 g Butter
100 g Topfen (Quark)
Salz, Pfeffer, Muskatnuss
2 EL Parmesan, gerieben
FÜR DIE KRAUTFÜLLUNG:
200 g Sauerkraut
10 Pfefferkörner
1 Lorbeerblatt
1 kleine Zwiebel
2 Knoblauchzehen
50 g Butter
20 g Mehl
1/4 l Milch
2 EL Parmesan, gerieben
AUSSERDEM:
1 l Sonnenblumenöl zum Frittieren

Das Roggenmehl mit dem Weizenmehl vermischen, salzen, mit den restlichen Zutaten zu einem Teig verkneten, in Frischhaltefolie wickeln und eine Stunde ruhen lassen. Den Spinat in kochendem Salzwasser zwei Minuten blanchieren, kurz in Eiswasser abschrecken und gut ausdrücken. Den Spinat klein hacken. Die Zwiebel und den Knoblauch sehr klein würfeln, in Butter anschwitzen und den Spinat dazugeben. Mit Salz und Pfeffer würzen. Vom Herd nehmen, Topfen und Parmesan untermischen und beiseite stellen. Für die Krautfüllung das Sauerkraut unter kaltem Wasser gut waschen und mit genügend Wasser, Lorbeerblatt und den in ein Tuch gebundenen Pfefferkörnern zum Kochen bringen. Ungefähr eine Stunde kochen lassen. Durch ein Sieb gießen, Lorbeerblatt und Pfefferkörner entfernen, das Kraut ausdrücken und klein hacken. Die Zwiebel und den Knoblauch fein hacken, in Butter gut anziehen lassen, mit Mehl bestäuben und gut verrühren. Mit Milch aufgießen und mit Salz und Pfeffer würzen, 2–3 Minuten kochen lassen. Dann das Sauerkraut und den Parmesan dazugeben und gut vermischen. Den Teig dünn auf einer bemehlten Fläche ausrollen und ca. 10–15 cm große Kreise ausstechen. Auf ein Viertel der Teigblätter die Spinatfüllung geben, jeweils mit einem Teigblatt abdecken und die Ränder gut zusammendrücken. Genauso mit der Krautfüllung verfahren.
Die Tirtlen auf beiden Seiten in heißem Öl ausbacken.

TIPP

Die Tirtlen kann man auch als eigenständiges fleischloses Hauptgericht servieren.

WEINTIPP

Südtiroler Eisacktaler Sylvaner, Hoandlhof
Gut strukturierter, leicht fruchtiger Silvaner, der sich durch seine angenehme Säure stark von anderen unterscheidet.

Erdäpfelblattln mit Sauerkraut und gesurtem Schweineschopf

FÜR DIE ERDÄPFELBLATTLN:

250 g gekochte Kartoffeln, passiert
50 g Butter
3 Eigelb
Salz, Muskatnuss
70 g Mehl
Sonnenblumenöl zum Frittieren

FÜR DAS SAUERKRAUT:

500 g Sauerkraut
1 kleine Zwiebel
2 Knoblauchzehen
50 g Butter
2 EL Mehl
Salz, Pfeffer

FÜR DEN GESURTEN SCHWEINESCHOPF:

500 g Surfleisch
1 Karotte
1 Stange Staudensellerie
1/2 Stange Lauch
1 Lorbeerblatt
ca. 10 Pfefferkörner

Karotten, Sellerie und Lauch in kleine Stücke schneiden. Wasser aufkochen, das Gemüse, das Surfleisch, Lorbeerblatt und Pfefferkörner dazugeben und ungefähr eineinhalb Stunden köcheln lassen. Durch ein Sieb gießen, danach das Fleisch wieder in die Brühe legen.
Das Sauerkraut waschen und mit Wasser bedeckt eine Stunde köcheln lassen. Die fein gehackte Zwiebel und den klein geschnittenen Knoblauch in Butter anschwitzen, mit Mehl binden. Das Sauerkraut dazugeben, gut durchrühren und mit Salz und Pfeffer würzen.
Für die Erdäpfelblattln die Butter zerlassen, gut mit passierten Kartoffeln und Eigelb vermischen, mit Salz und Muskatnuss würzen. Das Mehl unterrühren und alles zu einem Teig verkneten. Den Teig auf einer bemehlten Fläche ca. 0,5 cm dick ausrollen, Kreise ausstechen und in heißem Sonnenblumenöl goldgelb backen.
Das Surfleisch aus der Brühe nehmen und in dünne Scheiben schneiden, zusammen mit den Erdäpfelblattln und dem Sauerkraut auf einer Platte anrichten.

TIPP

Statt des Surfleisches können Sie auch Selchfleisch nehmen.

Kartoffel-Pfifferling-Roulade mit Blattspinat und Haselnüssen

FÜR DIE ROULADE:

100 g gekochte Kartoffeln, passiert
75 g Butter
4 Eigelb
50 g Sahne
4 Eiweiß
50 g Mehl

FÜR DIE FÜLLUNG:

300 g Pfifferlinge
1 kleine Zwiebel, gehackt
50 g Butter
2 EL Parmesan, gerieben
Salz, Pfeffer

FÜR DIE BEILAGE:

300 g Blattspinat, gewaschen
3 EL Olivenöl
1 Knoblauchzehe
2–3 EL Haselnüsse, grob gehackt
1 nussgroßes Stück Butter

Die passierten Kartoffeln erkalten lassen. Die Butter schaumig rühren, Eigelb nach und nach unterrühren. Kartoffeln, Sahne, Salz, Pfeffer und Muskatnuss dazugeben. Eiweiß mit einer Prise Salz steif schlagen und zusammen mit dem Mehl nach und nach unter die Masse heben. Die Kartoffelmasse 1 cm dick auf ein mit Backpapier ausgelegtes Backblech streichen und im Backofen bei 180 °C hellbraun backen.
Für die Füllung die geputzten Pfifferlinge klein hacken. Zwiebel fein würfeln, in Butter anziehen lassen, Pfifferlinge dazugeben, würzen und weich dünsten. Flüssigkeit abseihen und Parmesan einrühren.
Den gut abgetrockneten Spinat mit etwas Knoblauch in Olivenöl dünsten, mit Salz und Pfeffer abschmecken.
Die gebackene Kartoffelmasse auf ein Tuch stürzen, das Backpapier abziehen, die Pfifferlinge darauf verteilen und mithilfe des Tuches einrollen, in Alufolie wickeln und im Backofen warm halten.
Haselnüsse in Butter rösten. Spinat auf Teller verteilen, Roulade in ca. 3 cm dicke Scheiben schneiden und auf den Spinat legen. Mit den Haselnüssen bestreuen.

WEINTIPP

Kalterersee Auslese, Kellerei Kaltern
Ein Wein, den man zu jeder Tageszeit trinken kann.

Gebackene Kartoffeltaschen mit Pfifferlingen und Fenchel

FÜR DEN TEIG:
100 g gekochte Kartoffeln, passiert
100 g Mehl
4 Eigelb
25 g flüssige Butter
Salz, Pfeffer, Muskatnuss
FÜR DIE FÜLLUNG:
200 g Pfifferlinge
2 EL Olivenöl
1 kleine Zwiebel
1 EL Petersilie, fein gehackt
100 g Sahne
1 EL Parmesan, gerieben
FÜR DIE BEILAGE:
100 g Pfifferlinge
2–3 EL Olivenöl
Salz, Pfeffer
½ Fenchelknolle
etwas Kerbel
FÜR DIE SAUCE:
150 ml Gemüsebrühe
50 g kalte Butter
Salz, Pfeffer
1 EL gemischte Kräuter (Majoran, Petersilie, Thymian)
AUSSERDEM:
½ l Öl zum Frittieren

Für die Füllung die geputzten Pfifferlinge grob zerkleinern. Zwiebel in kleine Würfel schneiden und in Olivenöl anschwitzen. Die Pfifferlinge dazugeben, mit Salz und Pfeffer würzen, mit Sahne aufgießen und cremig einkochen. Vom Herd nehmen, etwas abkühlen lassen, Petersilie und Parmesan unterrühren.
Für den Teig die passierten Kartoffeln mit Salz, Muskatnuss und Eigelb gut verrühren. Die flüssige Butter und das Mehl dazugeben und zu einem Teig verkneten. Den Teig auf einer bemehlten Arbeitsfläche ca. 0,5 cm dick ausrollen und Kreise mit einem Durchmesser von 7–8 cm ausstechen. Etwas von der Pfifferlingsmasse auf die untere Hälfte setzen, zu Kartoffeltaschen zusammenfalten und den Rand mit den Gabelzinken festdrücken. (Falls die Kartoffeltaschen nicht gleich weiterverarbeitet werden, legt man sie auf ein bemehltes Tuch und stellt sie, mit einem zweiten Tuch abgedeckt, kalt.)
Für die Beilage die Pfifferlinge in Olivenöl anziehen lassen und würzen. Den Fenchel in dünne Streifen schneiden und in Olivenöl leicht anbraten, salzen und pfeffern.
Für die Sauce die Gemüsebrühe aufkochen, mit Salz und Pfeffer abschmecken, die kalte Butter mit dem Stabmixer untermixen, die Kräuter untermischen.
Kartoffeltaschen in heißem Öl (bei 170 °C) 3–4 Minuten frittieren. Pfifferlinge auf den Tellern anrichten, Kartoffeltaschen anlegen, mit gebratenem Fenchel und Kerbel garnieren, mit Sauce beträufeln.

WEINTIPP

Südtiroler Weiß – Mondevinum, Weingut Niklaserhof, Josef Sölva
Eine Cuvée aus Weißburgunder und Sauvignon. Feine Apfel- und Fruchtaromen; ein Wein, der ruhig einige Jahre lagern kann.

Suppen

Gerstsuppe mit Selchfleisch

120 g grobe Gerste
150 g Selchfleisch (Schopf, Schulter oder Selchkarree)
2 l Hühner- oder Gemüsebrühe
1 Karotte
1 Stange Staudensellerie
1 Zwiebel
4 EL Sonnenblumenöl
2 EL Schnittlauch, in Röllchen
Salz, Pfeffer

Die Gerste 2–3 Stunden in reichlich kaltem Wasser einweichen. Abseihen. Karotten und Sellerie in nicht zu kleine Würfel schneiden. Zwiebel in kleine Würfel schneiden und in Öl anschwitzen. Gerste dazugeben, mit Brühe aufgießen und aufkochen. Das klein geschnittene Gemüse und das Selchfleisch dazugeben und alles ca. 45 Minuten kochen lassen.
Das Selchfleisch herausnehmen, etwas abkühlen lassen und in kleine Würfel schneiden, wieder in die Suppe geben. Mit Salz und Pfeffer würzen, mit Schnittlauch bestreuen.

TIPP

Gerstsuppe immer erst am Ende der Garzeit abschmecken, da das Selchfleisch salzig ist und die Suppe dadurch schon gewürzt wird.

Leberknödelsuppe

200 g trockenes Weißbrot (einige Tage alt), in Würfel geschnitten
4–5 EL Milch
120 g Rinderleber, 50 g Kalbsfett (beides vom Metzger zweimal durch den Fleischwolf drehen lassen)
Salz, Pfeffer, Muskatnuss
3 EL Olivenöl
1 Ei
1 EL Butter
4 EL Zwiebel, fein gehackt
2 Knoblauchzehen, fein gehackt
Petersilie
Majoran
Zitronenschale von einer halben unbehandelten Zitrone
1 l Rindsuppe (siehe Seite 72)
etwas Schnittlauch, in Röllchen

Die Leber-Kalbsfett-Masse mit Salz, Pfeffer und Muskatnuss würzen, mit Olivenöl und dem Ei verrühren. Die Zwiebel und den Knoblauch in Butter kurz Farbe annehmen lassen, zur Leber geben. Petersilie und Majoran hacken und zusammen mit der geriebenen Zitronenschale ebenfalls zur Masse geben. Das Knödelbrot mit Milch vermischen, die Lebermasse dazugeben, gut verrühren und ungefähr eine halbe Stunde ruhen lassen. Aus der Masse Knödel formen und in kochendem Salzwasser ca. 12–15 Minuten kochen. Mit Schnittlauch bestreut in der heißen Rindsuppe servieren.

Gerstsuppe mit Selchfleisch

Speckknödelsuppe

200 g trockenes Weißbrot (einige Tage alt), in Würfel geschnitten
4–5 EL Wasser
100 g Speck
$^1/_2$ Zwiebel
1 EL Butter
2 Eier
4–5 EL Milch
1 EL Mehl
Petersilie
etwas Lauch
Salz, Pfeffer
ca. 1,5 l Rindsuppe

Das Knödelbrot mit Wasser beträufeln. Speck und Zwiebel in sehr kleine Würfel schneiden. Petersilie fein hacken, Lauch klein schneiden. Die Zwiebel in Butter goldgelb anschwitzen. Eier und Milch verquirlen und mit Speck, Zwiebel, Lauch und Petersilie zum Brot geben. Mit Salz und Pfeffer würzen, mit einem Esslöffel Mehl bestäuben und alles miteinander vermengen.
Den Teig ruhen lassen, dann daraus Knödel formen und ca. 10–12 Minuten in Salzwasser kochen. Die Knödel in einer guten Rindsuppe servieren.

TIPPS

Wenn Sie den Speck weglassen, haben Sie die so genannte „Fastenversion".
Damit die Knödel gelingen, muss das Brot wirklich hart und trocken sein.
Die optimale Konsistenz der Knödelmasse hängt von vielen Faktoren ab, z. B. von der Größe der Eier oder der Beschaffenheit des Brotes. Sie sollten sich deshalb nicht scheuen, die Mengenangaben zu variieren. Um sicher zu gehen, dass die Knödel nicht zerfallen, sollten Sie vorher einen Probeknödel kochen.

Rindsuppe

500 g Rinderknochen mit Fleischanteil (z. B. vom Roastbeef)
3 l Wasser
2 Karotten
1 Zwiebel
2 Stangen Staudensellerie
10 Pfefferkörner
1 Lorbeerblatt
1 Tomate
etwas Liebstöckel

Knochen mit kaltem Wasser einmal aufkochen. Das Wasser weggießen und die Knochen gut abwaschen. Erneut mit drei Litern Wasser zum Kochen bringen. Karotten und Sellerie in grobe Stücke schneiden und mit der Tomate zu den Knochen geben. Die Zwiebel halbieren und in einer Pfanne leicht bräunen, ebenfalls zu den Knochen geben. Langsam aufkochen und ungefähr eineinhalb Stunden kochen lassen Den Schaum öfter abschöpfen. Die Suppe durch ein Tuch passieren und salzen.

Leberknödelsuppe
Speckknödelsuppe

Milzschnittensuppe

150 g Rindermilz
$^{1}/_{2}$ kleine Zwiebel
1 Knoblauchzehe
10 g Butter
Petersilie
1 EL Majoran
Salz, Pfeffer, Muskatnuss
1 Eigelb
2 Eiweiß
8 Scheiben Toastbrot
1,2 l Rindsuppe (siehe Seite 72)
Öl zum Frittieren
etwas Schnittlauch, in Röllchen

Die Milz in ein Tuch legen und klopfen. Mit dem Löffel ausschaben. Zwiebel und Knoblauch fein hacken und in Butter goldgelb werden lassen. Die Milz mit der Zwiebel und den fein gehackten Kräutern vermischen. Mit Salz, Pfeffer und Muskatnuss würzen, das Eigelb einrühren. Das Eiweiß mit einer Prise Salz steif schlagen und vorsichtig unter die Masse heben. Die Milzmasse ca. 0,5 cm dick auf eine Toastbrotscheibe streichen, eine weitere Scheibe darüberlegen und nochmals bestreichen.
Mit den restlichen Toastbrotscheiben genauso verfahren. Die Toastscheiben in heißem Öl frittieren (bei 170 °C) oder bei 180 °C im Backofen ca. 10–15 Minuten backen. Milzschnitten in Streifen schneiden und kurz vor dem Servieren in die heiße Rindsuppe geben. Mit Schnittlauch bestreuen.

TIPP

Lassen Sie sich die Milz vom Metzger ausschaben.

Eisacktaler Weißweinsuppe

$^{1}/_{2}$ l Rindsuppe (siehe Seite 72)
100 g Sahne
2 Eigelb
$^{1}/_{8}$ l Eisacktaler Weißburgunder (oder Silvaner)
4 Scheiben Toastbrot, ohne Rinde
etwas Zimt
20 g Butter
Salz, Muskatnuss
1 TL Schnittlauch, in Röllchen

Das Toastbrot in Butter goldgelb braten, auf Küchenpapier auskühlen lassen. Mit Zimt bestreuen und in Würfel oder Dreiecke schneiden.
Kraftbrühe mit Weißwein in einem Topf mit dickem Boden aufkochen. Die Hitze reduzieren. Eigelb mit Sahne verrühren und mit Salz und Muskatnuss abschmecken. In die Suppe rühren und so lange mit dem Schneebesen schlagen, bis die Suppe schön cremig ist. (Sie darf auf keinen Fall mehr kochen!)
In vorgewärmte Tassen füllen, mit Schnittlauch bestreuen und zusammen mit den Zimtbrotstückchen servieren.

TIPP

Damit die Eiersahne in der Suppe nicht gerinnt, verwendet man am besten eine Schlagschüssel, die man in einen Topf mit kochendem Wasser stellt. So kann man die Suppe über dem Wasserbad problemlos cremig schlagen.

Milzschnittensuppe
Eisacktaler Weißweinsuppe

Steinpilzcremesuppe in der Brot-Tasse

FÜR DEN BROTTEIG:
150 g Roggenmehl
150 g Weizenmehl
20 g Hefe
5 g Salz
1 Prise Zucker
1 EL Kümmel-, Anis- und Brotkleemischung
180 ml lauwarmes Wasser
125 ml lauwarme Milch
FÜR DIE SUPPE:
200 g Steinpilze
50 g Zwiebelwürfelchen
50 g Butter
100 g rohe Kartoffeln, in Würfel geschnitten
1 l Gemüsebrühe
200 g Sahne
Salz, Pfeffer
etwas Thymian

Für den Brotteig die Mehlsorten miteinander vermischen, salzen. In die Mitte eine Vertiefung machen. Hefe mit etwas Mehl, lauwarmem Wasser und Zucker glatt rühren, zum Mehl (in die Vertiefung) geben und ca. zehn Minuten gehen lassen. Kümmel, Anis und Brotklee dazugeben, mit der restlichen Milch und dem Wasser zu einem Teig verkneten.
Auf einer bemehlten Fläche aus dem Teig vier Kugeln formen, auf ein Backblech legen und zugedeckt ca. zehn Minuten gehen lassen. Den Backofen auf 180 °C vorheizen, den Teig mit Wasser beträufeln und im Ofen so lange backen, bis das Brot schön braun ist.
Für die Suppe die Steinpilze putzen, mit einem feuchten Tuch abreiben und zerkleinern. Die Zwiebel in Butter anschwitzen. Steinpilze dazugeben, kurz mitdünsten, mit Gemüsebrühe aufgießen und würzen. Aufkochen, die Kartoffelwürfel dazugeben und fertig kochen. Suppe mit der Sahne im Mixer pürieren. Von den Broten den Deckel abschneiden, das Innere aushöhlen und die Brot-Tassen in vier tiefe Teller setzen. Die Cremesuppe in das Brot füllen, den Deckel halb darauflegen, mit Thymian garnieren.

Linsencremesuppe mit Zampone

200 g braune Linsen
150 g Zampone (gefüllter Schweinefuß, vom Metzger vakuumverpackt)
2 EL Olivenöl
1 kleine Zwiebel
100 g durchwachsener Speck
1 Lorbeerblatt
1 TL Tomatenmark
1–$1\frac{1}{2}$ l Wasser oder Gemüsebrühe
100 g Kartoffeln
125 g Sahne
20 g Butter
1 TL Schnittlauch, in Röllchen
Olivenöl

Die Linsen 3–4 Stunden in kaltem Wasser einweichen. Die Zwiebel klein schneiden und 2–3 Minuten in Öl anschwitzen. Linsen, Speck und Lorbeerblatt dazugeben und 4–5 Minuten mitdünsten. Tomatenmark zufügen, gut verrühren und mit Wasser oder Gemüsebrühe aufgießen. Aufkochen lassen.
Die geschälten Kartoffeln in Stücke schneiden und zur Suppe geben, 45 Minuten kochen lassen. Einige Linsen herausnehmen und beiseite stellen. Den Speck und das Lorbeerblatt aus der Suppe nehmen. Mit Sahne aufgießen und aufkochen, die Butter zufügen und alles mit dem Stabmixer pürieren. Die beiseite gestellten Linsen wieder in die Suppe geben.
Während die Suppe kocht, sollte der vakuumverpackte Zampone in einem Topf mit heißem Wasser ca. 45 Minuten ziehen. Herausnehmen, die Folie entfernen und den Schweinefuß in dünne Scheiben schneiden. Die Suppe auf Teller verteilen, mit den Zampone-Scheiben garnieren, mit Schnittlauchröllchen bestreuen und mit Olivenöl beträufeln

TIPP

Zampone finden Sie bei einem gut sortierten Feinkosthändler. Sie können auch den gekochten Speck als Einlage verwenden.

Steinpilzcremesuppe in der Brot-Tasse
Linsencremesuppe mit Zampone

Grüne Spargelcremesuppe mit geräuchertem Aal

200 g grüner Spargel
1 kleine Zwiebel
2 EL Olivenöl
150 g Kartoffeln, in groben Würfeln
1 l Gemüsebrühe
Salz, Pfeffer
150 g Sahne
50 g Sauerrahm
150 g Räucheraal

Die Spargelstangen bis zur Hälfte schälen. Die Spargelspitzen abschneiden und 6–7 Minuten in Salzwasser kochen. Inzwischen die Spargelstangen klein schneiden. Die Zwiebel fein hacken und in Olivenöl anschwitzen. Spargelstückchen und Kartoffeln dazugeben und mitdünsten. Mit Gemüsebrühe aufgießen und 25 Minuten kochen lassen. Die Suppe mit dem Stabmixer pürieren, die Sahne dazugeben und mit Salz und Pfeffer würzen. Die Suppe aufkochen lassen, vom Herd nehmen und mit Sauerrahm verfeinern. Auf Teller verteilen und mit dem in Streifen geschnittenen Aal und den erwärmten Spargelspitzen garnieren.

TIPP

Als Einlage eignen sich auch Räucherlachs oder gebackene Fische.

Kartoffelcremesuppe mit Dinkelnocken

FÜR DIE SUPPE:
450 g Kartoffeln
2 EL Sonnenblumenöl
$\frac{1}{2}$ kleine Zwiebel
1–1$\frac{1}{2}$ l Rindsuppe (siehe Seite 72) oder Gemüsebrühe
125 g Sahne
FÜR DIE DINKELNOCKEN:
40 g zimmerwarme Butter
1 Ei
1 Eigelb
Salz, Pfeffer, Muskatnuss
20 g Weizenmehl
40 g Dinkelvollkornmehl
ZUM ANRICHTEN:
50 g rohe Kartoffeln, in feinen Streifen
einige Majoranblättchen
Sonnenblumenöl

Für die Suppe die geschälten Kartoffeln in größere Würfel schneiden. Die Zwiebel fein hacken und in Öl anschwitzen. Die Kartoffeln dazugeben, umrühren und mit Brühe aufgießen. Aufkochen lassen, etwas salzen und ca. 40 Minuten köcheln lassen. Die Suppe vom Herd nehmen, mit dem Stabmixer pürieren, mit Sahne verfeinern und warm stellen.
Für die Dinkelnocken die Butter schaumig schlagen, mit Salz, Pfeffer und Muskatnuss würzen. Das Ei und das Eigelb dazugeben und cremig rühren. Das Mehl untermischen und nur noch kurz rühren, den Teig 15 Minuten kalt stellen. Mit einen Teelöffel Nocken formen und zugedeckt 12–15 Minuten in Salzwasser köcheln lassen.
Für die Garnitur die Kartoffelstreifen in warmem Wasser 20 Minuten wässern. Abseihen, abtrocknen und in heißem Öl ausbacken. Die Suppe nochmals aufkochen, auf Teller verteilen, die Nocken dazugeben und mit gebackenen Kartoffelstreifen und Majoranblättchen garnieren.

Grüne Spargelcremesuppe mit geräuchertem Aal
Kartoffelcremesuppe mit Dinkelnocken

Kürbiscremesuppe mit Blätterteiggebäck

250 g Kürbisfleisch
1 kleine Zwiebel
3 EL Olivenöl
1 Apfel
1 Karotte
1,5 l Gemüsebrühe
100 g Sahne
2 EL Sauerrahm
Salz, Pfeffer
150 g Blätterteig (aus dem Kühlregal)
2 EL Sesam
1 Ei
ZUM GARNIEREN:
Kürbiskernöl
20 Kürbiskerne
Kerbel

Zwiebel schälen und in kleine Würfel schneiden, in einem größeren Topf in Olivenöl anziehen lassen. Apfel und Karotte klein schneiden und mit dem Kürbisfleisch zu den Zwiebeln geben. Kurz mitrösten, umrühren, mit Gemüsebrühe aufgießen und etwa eine halbe Stunde kochen lassen. Suppe mit dem Pürierstab cremig pürieren und mit Sahne und Sauerrahm verfeinern. Mit Salz und Pfeffer abschmecken.
Blätterteig ausrollen, in Streifen schneiden, mit verquirltem Ei bestreichen und mit Sesam bestreuen. Bei 200 °C im Backofen ca. zehn Minuten backen. Kürbiskerne in einer heißen, trockenen Pfanne anrösten.
Die Suppe mit etwas Kürbiskernöl beträufeln und mit einigen Kürbiskernen und Kerbel bestreuen. Zusammen mit dem Sesamgebäck servieren.

Tomatencremesuppe mit Basilikumnocken

350 g Tomaten
150 g Kartoffeln, in Würfel geschnitten
1 kleine Zwiebel
4 EL Olivenöl
1 TL Tomatenmark
1,2 l Wasser oder Gemüsebrühe
Salz, Pfeffer
125 g Sahne
6 Basilikumblätter
FÜR DIE NOCKEN:
60 g zimmerwarme Butter
60 g Weizenmehl
1 Eigelb
1 Ei
Salz, Pfeffer, Muskatnuss
ZUM GARNIEREN:
einige Basilikumblätter
2 EL Sahne

Die Tomaten in Stücke schneiden. Die Zwiebel fein hacken und in Olivenöl anschwitzen, die Tomaten dazugeben und 3–4 Minuten dünsten lassen. Das Tomatenmark einrühren, mit Wasser oder Brühe aufgießen, salzen und pfeffern. Die Kartoffeln dazugeben und alles 25 Minuten kochen lassen. Kurz vor Ende der Garzeit die Sahne dazugeben. Suppe vom Herd nehmen und mit dem Stabmixer mixen und passieren. Basilikumblätter zufügen.
Für die Basilikumnocken das Basilikum klein schneiden. Butter mit Eigelb, Ei, Salz und Pfeffer schaumig schlagen. Das Weizenmehl unterheben. 20 Minuten ruhen lassen. Aus der Masse mit einem Teelöffel kleine Nocken formen und zwölf Minuten zugedeckt in Salzwasser köcheln lassen.
Die Tomatensuppe noch einmal aufkochen, die Basilikumblätter entfernen. Die Nocken in die Suppe geben und mit frischem Basilikum garnieren. Mit etwas Sahne verzieren.

Kürbiscremesuppe mit Blätterteiggebäck
Tomatencremesuppe mit Basilikumnocken

Polentacremesuppe mit Gorgonzola und Lauchwürfeln

2 Schalotten
4 EL Olivenöl
1,5 l Wasser oder Gemüsebrühe
70–80 g Polentamehl (Maisgrieß)
Salz
1/2 Lorbeerblatt
150 g Sahne
25 g Butter
100 g Lauch
150 g milder Gorgonzola, in Stückchen

Die Schalotten schälen, klein schneiden, in Olivenöl leicht anziehen lassen und mit Wasser oder Brühe aufgießen. Salzen und aufkochen. Das Polentamehl einrühren, Lorbeerblatt dazugeben und ca. 30 Minuten kochen lassen. Das Lorbeerblatt wieder entfernen. Die Sahne dazugeben, einmal aufkochen lassen, Butter hinzufügen und mit dem Stabmixer kräftig aufmixen. Lauch in kleine Würfel schneiden und in Salzwasser zwei Minuten kochen, abseihen. Die Suppe im Teller mit Gorgonzola und Lauchwürfeln garnieren.

WEINTIPP

Exilissi Südtiroler Gewürztraminer, Baron Di Paoli
Zu diesem Gericht passt ein Gläschen Exilissi vorzüglich: Sehr wuchtiger, vor allem voller Wein mit ziemlicher Restsüße; er mildert das leicht Pikante des Gorgonzola – geradezu ein Meditationswein.

Fleischgerichte

Gefüllte Kalbsbrust auf Mangold mit weißen Rüben

1 kg Kalbsbrust, ohne Knochen
4 EL Sonnenblumenöl
Rosmarin
Thymian
Salz, Pfeffer
1/2 Zwiebel
FÜR DIE FÜLLUNG:
150 g Weißbrot (einige Tage alt), in Streifen geschnitten
2 Eier
1/2 Zwiebel
4 El Sonnenblumenöl
1 El gehackte Petersilie
150 g gemischte Pilze (oder 50 g getrocknete Pilze)
1 EL Butter
1/2 l Weißwein
1 l Gemüsebrühe
Salz, Pfeffer
FÜR DIE BEILAGE:
300 g junger Mangold (grün und rot)
2 EL Olivenöl
2 Knoblauchzehen
Salz, Pfeffer, etwas Muskatnuss
1 mittelgroße weiße Rübe
20 g Butter
ZUM GARNIEREN:
Rosmarin
Thymian

Die Kalbsbrust salzen und pfeffern und mit dem gehackten Rosmarin und Thymian einreiben. Für die Füllung die Zwiebel fein hacken, in Sonnenblumenöl andünsten und zum Brot geben. Pilze fein hacken, kurz in zerlassener Butter anziehen lassen, mit der Petersilie zum Brot geben. (Falls Sie getrocknete Pilze verwenden, müssen Sie diese vorher 30 Minuten in kaltem Wasser einweichen.) Die Eier unter das Brot rühren und alles mit Salz und Pfeffer würzen. Die Füllung auf dem Fleisch verteilen, schön eng zusammenrollen und mit Küchengarn zusammenbinden. Das Fleisch in einem heißen Bräter in Öl anbraten und für ca. 2–2,5 Stunden in den 180 °C heißen Backofen schieben. Nach und nach Weißwein und Gemüsebrühe aufgießen und den Braten öfter wenden. Nach der Hälfte der Garzeit die grob gehackte Zwiebel dazugeben.
Mangold waschen, trocknen, in Olivenöl anziehen lassen, salzen und pfeffern. Knoblauch in feine Blättchen schneiden und dazugeben. Die weiße Rübe in kleine Halbmonde schneiden, in Salzwasser weich kochen und in heißer Butter schwenken.
Das Fleisch aus dem Ofen nehmen. Die Sauce passieren und warm stellen. Die Kalbsbrust in Scheiben schneiden. Mangold auf die vorgewärmten Teller geben und die Kalbsbrust sowie die weißen Rüben darauf anrichten. Die heiße Sauce darübergießen. Mit Rosmarin und Thymian garnieren.

WEINTIPP
Pinot Nero, Weingut Franz Haas
Feines Bouquet von Dörrpflaumen und leichten Pilzaromen.

Gefüllte Kalbsbrust auf Mangold mit weißen Rüben
Kalbsleber mit Äpfeln, Preiselbeeren und altem Balsamico

Kalbsleber mit Äpfeln, Preiselbeeren und altem Balsamico

500 g Kalbsleber (vom Metzger in dünne Scheiben schneiden lassen)
50 g frische Preiselbeeren (ersatzweise Preiselbeeren aus dem Glas)
Salz, Pfeffer
5 Salbeiblättchen
50 g Butter
FÜR DIE BEILAGE:
2 Äpfel (Royal Gala oder Jonagold)
50 g Zucker
$^{1}/_{8}$ l Weißwein
ZUM GARNIEREN:
frischer Majoran
alter Balsamico

Äpfel vierteln, das Kerngehäuse herausschneiden und nochmals teilen. Zucker in einem Topf hellbraun karamellisieren lassen. Die Äpfel dazugeben, mit Weißwein ablöschen, cremig einkochen lassen und warm stellen. Butter in einer Pfanne goldgelb werden lassen, die Salbeiblättchen und die Leber dazugeben und bei schwacher Hitze auf beiden Seiten braten. Mit Salz und Pfeffer würzen. Die Preiselbeeren zufügen und kurz ziehen lassen.
Die Leber mit den Äpfeln und Preiselbeeren anrichten, mit frischem Majoran und einigen Tropfen altem Balsamico garnieren.

WEINTIPP

Südtiroler Gewürztraminer, Castel Sallegg
Sehr eleganter Gewürztraminer, feines Aroma, duftend nach Gewürznelken und Litschis.

Kalbsstelze glasiert

1 Kalbsstelze von ca. 1,6–1,8 kg
Salz, Pfeffer
5 EL Sonnenblumenöl
30 g Tomatenmark
$^{1}/_{2}$ l Weißwein
Wurzelgemüse (1 mittelgroße Zwiebel, 1 Karotte, 1 Stange Staudensellerie)
2 Lorbeerblätter
etwas Rosmarin und Thymian
1 l Wasser bzw. Rindsuppe (siehe Seite 72) oder Gemüsebrühe
ZUM GARNIEREN:
frische Gartenkräuter

Die Kalbsstelze von den Sehnen befreien, mit Salz und Pfeffer würzen und mit Sonnenblumenöl bestreichen. Das Fleisch in einen heißen Bräter legen und für eine Stunde in den auf 180 °C vorgeheizten Backofen schieben. In dieser Zeit 3–4-mal wenden und mit der Hälfte des Weißweins begießen. Danach den Backofen auf 160 °C zurückschalten, das Fleisch wenden und mit dem restlichen Weißwein ablöschen. Das in grobe Stücke geschnittene Wurzelgemüse dazugeben und ungefähr eineinhalb Stunden weiterbraten, dabei immer wieder mit Bratflüssigkeit übergießen.
Die Stelze herausnehmen und warm stellen. Das Tomatenmark unter den Bratenfond rühren, kurz erhitzen, mit der Brühe oder mit Wasser auffüllen und bei starker Hitze so lange einkochen lassen, bis die Sauce cremig ist. Durch ein Sieb gießen, die Kräuter hinzufügen und warm stellen.
Die Stelze vom Knochen lösen, in Scheiben schneiden und mit dem Gemüse auf vorgewärmten Tellern anrichten, mit frischen Kräutern bestreuen und mit der heißen Sauce umgießen.

TIPP

Als Beilage passen Röstkartoffeln und gemischtes Gemüse.

WEINTIPP

Blauburgunder Fleck, Martin Pohl, Köfelgut
Ein sehr eleganter Wein mit leichter Waldbeeren- und Dörrpflaumennote.

Kalbsstelze glasiert

Kalbsbraten mit Kartoffelpüree und Gemüse

1 Kalbsschulternahtl (ca. 700 g, vom Metzger parieren lassen)
250 g Kalbsknochen, gewaschen
Salz, Pfeffer
4 EL Öl
1 Karotte
1 Zwiebel
1 Stange Staudensellerie
1 TL Tomatenmark
1/2 l Weißwein
1/2–3/4 l Rindsuppe (siehe Seite 72)
FÜR DAS KARTOFFELPÜREE:
400 g Kartoffeln
Salz, Muskatnuss
50 g Butter
ca. 1/4 l Milch
FÜR DAS GEMÜSE:
100 g Karotten
100 g Zucchini
100 g Fenchelknolle
100 g Karfiol (Blumenkohl)
25 g Butter
Salz, Pfeffer

Das Kalbsschulternahtl mit Salz und Pfeffer würzen. In einem Bräter mit heißem Öl auf allen Seiten anbraten, Kalbsknochen dazugeben und im Backofen bei 180 °C 30 Minuten braten. In der Zwischenzeit Karotten, Zwiebel und Sellerie in grobe Stücke schneiden, zum Fleisch geben und mitrösten. Mit etwas Weißwein ablöschen, Tomatenmark einrühren und mitrösten, wieder mit Weißwein ablöschen. Während der restlichen Garzeit (insgesamt 90 Minuten) immer wieder mit Weißwein begießen und den Braten öfter wenden. Das Fleisch herausnehmen und warm stellen. Den Bratenfond mit Brühe aufgießen und so lange kochen, bis er um die Hälfte reduziert ist. Knochen entfernen, die Sauce durch ein feines Tuch passieren, nachwürzen und warm stellen. Falls die Sauce nicht genug eingedickt ist, kann man sie mit Mehlbutter (dazu 15 g eiskalte Butter mit 15 g Mehl verkneten) binden.

Für das Kartoffelpüree die Kartoffeln in Salzwasser 35 Minuten kochen. Abseihen, etwas ausdämpfen lassen und durch die Kartoffelpresse drücken. Mit Muskatnuss und Butter aufschlagen, mit heißer Milch verrühren und warm stellen. Die Gemüse in kleine Stäbchen bzw. Röschen schneiden und getrennt in Salzwasser bissfest kochen. Butter zerlassen und Gemüse darin schwenken, mit Salz und Pfeffer würzen.

Das Gemüse und das Kartoffelpüree auf Tellern anrichten, das in Scheiben geschnittene Fleisch anlegen und mit der heißen Sauce begießen.

WEINTIPP

Südtirol St. Magdalener classico, Johannes Pfeifer, Pfannenstielhof

Sehr ausgewogener, weicher Magdalener mit typischer Bittermandelnote.

25

Geschmorte Ochsenwangen mit Gemüse und Selleriepüree

800 g Ochsenwangen, pariert
Salz, Pfeffer
6 EL Sonnenblumenöl
1 große Zwiebel
2 Karotten
2 Stangen Staudensellerie
10 Pfefferkörner
1 EL Tomatenmark
1 Lorbeerblatt
½ l kräftiger Rotwein
2 l Rindsuppe (siehe Seite 72) oder Gemüsebrühe (oder Wasser)
15 g Butter
15 g Mehl

FÜR DAS SELLERIEPÜREE:

250 g Sellerieknolle
½ l Milch
Saft einer halben Zitrone
120 g geschlagene Sahne
20 g Butter
Salz, Pfeffer

FÜR DAS GEMÜSE:

100 g Karotten, in Stäbchen
100 g Staudensellerie, in Stäbchen
100 g Shiitake-Pilze (oder Pfifferlinge)
20 dünne grüne Spargelstangen
2 EL Olivenöl
12 Schalotten
½ l Rotwein
100 g Zucker

ZUM GARNIEREN:

2 Zweige Rosmarin
2 Zweige Thymian

Das Fleisch salzen und pfeffern. In einem Topf mit heißem Öl auf allen Seiten gut anbraten, herausnehmen, das Fett wegschütten. Karotten, Sellerie und Zwiebel in größere Stücke schneiden und zusammen mit dem Fleisch in den Topf zurückgeben, gut rösten. Lorbeerblatt und Pfefferkörner dazugeben, mit der Hälfte des Rotweins ablöschen. Rotwein etwas einkochen lassen, Tomatenmark dazugeben und kurz weiterrösten.
Mit dem restlichen Rotwein ablöschen und erneut einkochen lassen, mit Brühe aufgießen. Aufkochen und ca. 2,5 Stunden schmoren lassen.
Für das Selleriepüree die Sellerieknolle in Stücke schneiden und mit Zitronensaft 15 Minuten in Salzwasser kochen lassen. Abseihen und zusammen mit der Milch noch einmal 20 Minuten kochen. Durch ein Sieb gießen, Butter hinzufügen und mit dem Stabmixer pürieren. Warm stellen. Kurz vor dem Servieren die geschlagene Sahne unterheben und mit Salz und Pfeffer abschmecken.
Für das Gemüse die Spargelstangen bis zur Hälfte schälen und in Salzwasser ca. fünf Minuten kochen. Die geschälten Schalotten mit Rotwein und Zucker solange kochen, bis die Flüssigkeit reduziert ist. Karotten- und Selleriestäbchen getrennt in Salzwasser bissfest kochen. Die Pilze in einer heißen Pfanne mit wenig Öl kurz anziehen lassen, Karotten, Sellerie und Spargel dazugeben und kurz erwärmen.
Fleisch aus dem Topf nehmen, Sauce eventuell nachwürzen. Die Sauce aufkochen und nach und nach Mehlbutter (Mehl und eiskalte Butter miteinander verkneten) einrühren, bis sie eine schöne Bindung erhält. Sauce durch ein Sieb gießen. Das Fleisch in ca. 1 cm dicke Scheiben schneiden und in die heiße Sauce legen. Nochmals kurz aufkochen.
Die Fleischscheiben auf Tellern anrichten, aus dem Selleriepüree Nocken formen und neben das Fleisch legen. Mit dem Gemüse, den Rotweinschalotten und den Kräutern garnieren und mit der heißen Sauce begießen.

TIPP

Statt der Ochsenwangen kann man auch Kalbswangen nehmen, dann verkürzt sich die Garzeit jedoch auf 90 Minuten.

WEINTIPP

Segen Riserva – Lagrein, Meraner Kellerei
Vollmundiger, samtiger Lagrein, sehr ausgewogen; ausgebaut im großen Eichenfass, reift anschließend einige Monate im Barriquefass. Die Trauben stammen aus Bozen-Gries.

Gebratene Spanferkelrippen

1,5 kg Spanferkelrippen
Salz, Pfeffer
2–3 Knoblauchzehen
1/2 TL Kümmel
etwas Zitroneschale
4 EL Sonnenblumenöl
300 g kleine Kartoffeln
1 Karotte
1 Zwiebel
1 Stange Staudensellerie
1/4 l Weißwein
ZUM GARNIEREN:
1 Zweig Rosmarin
1 Zweig Thymian

Die Spanferkelrippen mit Salz und Pfeffer würzen. Knoblauch mit Kümmel und Zitronenschale fein hacken, die Rippen damit einreiben. Das Öl in einer Kasserolle erhitzen und die Rippen darin auf beiden Seiten gut anbraten. Danach für ungefähr 45 Minuten in den 180 °C heißen Backofen schieben.
Die Kartoffeln waschen, schälen und achteln. Das Gemüse in grobe Würfel schneiden und mit den Kartoffeln zu den Rippen geben. Zehn Minuten mitbraten, dann mit Weißwein ablöschen und noch eine Stunde braten lassen. Dabei öfter wenden und mit Weißwein ablöschen.
Die Rippen herausnehmen, in Portionsstücke schneiden und mit dem Gemüse und den Kartoffeln anrichten.
Mit den Kräutern garnieren.

WEINTIPP
Vernatsch, Baron Widmann
Obwohl er eher zu den robusteren Vernatschweinen zählt, ist dieser Wein ein idealer Begleiter für leichte Fleischgerichte.

Gespicktes Rindsschulternahtl mit Kartoffeln und Gemüse

1 kg Rindsschulternahtl
1 Karotte
1 Zucchino
1 Stange Staudensellerie
2 Lorbeerblätter
10 Pfefferkörner
etwas Liebstöckel
grobes Salz
FÜR DIE BEILAGE:
2 mittelgroße Karotten
1 Zucchino
1 Stange Staudensellerie
1 nussgroßes Stück Butter
12 kleine Kartoffeln
50 g Butter
1 EL gehackte Petersilie
ZUM GARNIEREN:
Salbeiblättchen
Dill

Karotte, Zucchino und Staudensellerie in Stäbchen schneiden. Mit einem spitzen Messer oder einer Spicknadel längs in Faserrichtung Löcher in das Fleisch schneiden. Abwechselnd Sellerie-, Zucchini- und Karottenstäbchen in die Öffnungen stecken. Wasser zum Kochen bringen. Pfefferkörner, Lorbeerblätter und Liebstöckel dazugeben und salzen. Fleisch hineinlegen und ungefähr 2,5 Stunden kochen lassen. Das Fleisch sollte immer mit Wasser bedeckt sein! Eventuell Wasser nachgießen.
Für die Beilage Karotten, Zucchino und Staudensellerie in schöne Stücke schneiden und getrennt in Salzwasser bissfest kochen. In kaltem Wasser kurz abschrecken, abseihen. Inzwischen Kartoffeln schälen, in eine gefällige längliche Form schneiden und so lange in Salzwasser kochen, bis sie weich sind (ca. 25–30 Minuten). Mit Butter beträufeln und mit Petersilie bestreuen. Gemüse in Butter schwenken, salzen.
Fleisch aus der Brühe nehmen, in Scheiben schneiden und auf Teller verteilen. Mit Kartoffeln und Gemüse umlegen, etwas Brühe darübergießen. Mit Dill und Salbeiblättchen garnieren.

WEINTIPP
Südtiroler Blauburgunder Hausmannhof, Alois Ochsenreiter, Weingut Haderburg
Sehr weicher, fruchtbetonter Pinot noir mit rundem Abgang.

Gebratene Spanferkelrippen
Gespicktes Rindsschulternahtl mit Kartoffeln und Gemüse

Schweinefilet im Rohschinken- und Gemüsemantel mit Herrennagelen

8 Schweinefilet-Medaillons (à 60–70 g)
4 Scheiben Rohschinken
1 mittelgroße Karotte
1 Zucchino
1 Zweig Rosmarin
4 Zweige Thymian
etwa 5 El Olivenöl
Salz, Pfeffer
300 g blaue Kartoffeln
300 g Herrennagelen (Goldstieliger Pfifferling)
150 g Crosne Stachys (japanische Kartoffel)
6 EL Olivenöl
ZUM GARNIEREN:
Rosmarin
Thymian

Die Schweinefilets leicht flachdrücken, mit Salz und Pfeffer würzen. Karotte und Zucchino in dünne, längliche Scheiben schneiden, in Salzwasser weich kochen, abseihen und abtrocknen.
Vier Medaillons mit Rohschinken umwickeln, die anderen vier mit den Gemüsescheiben, mit Küchengarn festbinden.
Die Kartoffeln vierteln, in Salzwasser weich kochen.
Crosne Stachys unter fließendem Wasser abbürsten und 5–6 Minuten in Salzwasser kochen, abseihen und mit einem Tuch trockenreiben. Kurz in heißem Olivenöl braten. Die Herrennagelen in Olivenöl anziehen lassen, mit Salz und Pfeffer würzen.
Die Filets mit dem Rosmarin und Thymian in Olivenöl auf beiden Seiten hellbraun braten, danach im 180 °C heißen Backofen noch 6–8 Minuten weiter garen (je nachdem, wie durchgebraten man das Fleisch möchte).
Pilze und Crosne Stachys auf Teller legen. Die Filets und die Kartoffeln anrichten und mit Kräutern garnieren.

TIPP

Wenn Sie Schwierigkeiten haben, blaue Kartoffeln, Herrennagelen oder Crosne Stachys zu bekommen, nehmen Sie normale Kartoffeln bzw. Pfifferlinge und lassen die Crosne Stachys weg.

WEINTIPP

Kalterersee Auslese Römigberg, Alois Lageder, Tòr Löwengang
Sehr frischer, leichter Vernatsch, ein idealer Begleiter zu jeder Tageszeit.

Lammkoteletts mit Paprikakruste und grünen Bohnen

12 Lammkoteletts (ca. 2,5 cm dick)
4–6 EL Sonnenblumenöl
Salz, Pfeffer
1 Zweig Rosmarin
1 Knoblauchzehe
FÜR DIE PAPRIKAKRUSTE:
je 50 g rote, gelbe und grüne Paprika
Salz, Pfeffer
2 EL Olivenöl
1 Schalotte, in Würfel geschnitten
4 EL Semmelbrösel
1 Eigelb
FÜR DIE PAPRIKACREME:
100 g rote Paprika, klein geschnitten
200 g Sahne
Salz, Pfeffer
½ Schalotte
¼ l Weißwein
FÜR DIE BEILAGE:
250 g grüne Bohnen
Salz
1 TL Butter

Bohnen in Salzwasser bissfest kochen, abseihen, kurz in kaltem Wasser abschrecken, halbieren und beiseite stellen.
Für die Paprikakruste die Paprikaschoten in sehr kleine Würfel schneiden. Die Schalottenwürfel in Olivenöl 3–4 Minuten anziehen lassen, die Paprikawürfel dazugeben und kurz mitdünsten, mit Salz und Pfeffer würzen. In eine Schüssel geben und etwas abkühlen lassen.
Mit Semmelbrösel und Eigelb verrühren und kalt stellen.
Für die Paprikacreme die klein geschnittene Schalotte in Olivenöl anschwitzen, die rote Paprika zugeben. Kurz dünsten, mit Weißwein ablöschen, etwas einkochen, dann mit Sahne aufgießen und weich kochen. Mit dem Stabmixer pürieren, würzen und warm stellen.
Die Lammkoteletts leicht klopfen, salzen, in Öl auf beiden Seiten anbraten. Rosmarin und Knoblauch dazugeben und weitere 3–4 Minuten braten. Die Lammkoteletts mit der Paprikakruste bestreichen und bei Oberhitze im Backofen 2–3 Minuten fertig garen.
In der Zwischenzeit die Bohnen in Butter schwenken.
Auf einer Platte anrichten, die Lammkoteletts drauflegen und mit der Paprikacreme verzieren.

Schweinefilet im Rohschinken- und Gemüsemantel mit Herrennagelen
Lammkoteletts mit Paprikakruste und grünen Bohnen

Lamm-Ossobuco mit zweierlei Polenta und Gemüse

8 Scheiben Lamm-Ossobuco (Lammstelze, geschnitten)
5 EL Sonnenblumenöl
100 g Zwiebeln
100 g Staudensellerie
100 g Karotten
2 Lorbeerblätter
50 g Tomatenmark
1/2 l Rotwein
Salz, Pfeffer
2 Zweige Rosmarin
8 Zweige Thymian
2 l Gemüsebrühe oder Wasser
FÜR DIE POLENTA:
600 ml Wasser
50 g Butter
Salz
60 g Polentamehl (Maisgrieß)
60 g grobes Buchweizenmehl (Schwarzplent)
FÜR DIE BEILAGE:
100 g Karotten
100 g Staudensellerie
100 g Lauch
100 g Sellerieknolle
2 EL Butter oder Olivenöl
frische Kräuter
Salz, weißer Pfeffer

Das Ossobuco auf beiden Seiten salzen und pfeffern und in einem heißen Topf mit Öl gut anbraten. Herausnehmen, Öl wegschütten. Karotten, Zwiebeln und Sellerie in grobe Stücke schneiden. Das Gemüse und das Fleisch in den Topf zurückgeben und 10–15 Minuten rösten. Das Tomatenmark dazugeben, kurz mitrösten. Mit der Hälfte des Rotweins ablöschen, einkochen lassen, mit dem restlichen Rotwein ablöschen und wieder einkochen lassen. Mit Gemüsebrühe oder Wasser aufgießen, die Lorbeerblätter dazugeben und ungefähr zwei Stunden kochen lassen. Das Fleisch herausnehmen. Die Sauce nachwürzen und durch ein Sieb geben. Die Hälfte der Kräuter dazugeben und zehn Minuten in der Sauce ziehen lassen, danach wieder herausnehmen. Fleisch in die Sauce zurückgeben.

Für die Polenta zwei Töpfe mit je 300 ml Salzwasser und 25 g Butter zum Kochen bringen. In den einen Topf das Polentamehl und in den anderen das Buchweizenmehl einrühren, beides ca. 45 Minuten kochen lassen. Die beiden Polentasorten abwechselnd in vier kleine feuerfeste Formen schichten und erkalten lassen. Vor dem Anrichten die Formen für 20 Minuten in den 160 °C Backofen schieben und erwärmen.

Sellerieknolle, Karotten, Lauch und Staudensellerie in kleine Würfel oder Stäbchen schneiden, in Salzwasser bissfest kochen. Anschließend in Butter oder Olivenöl schwenken, mit weißem Pfeffer und Kräutern abschmecken.

Das Fleisch mit der Sauce kurz erhitzen, auf Tellern anrichten. Die Polenta neben das Fleisch stürzen. Die Gemüsewürfel rundherum verteilen und mit den restlichen Kräutern garnieren.

WEINTIPP

Blauburgunder Riserva Linticlarus, Schlosskellerei Turmhof, Tiefenbrunner

Sehr eleganter Wein, herrliche Harmonie zwischen Holz und Frucht; feine Himbeernote und langer Abgang.

Kitz aus dem Rohr

2 kg Kitzfleisch, mit Knochen (vom Metzger parieren lassen)
Salz, Pfeffer
$^{3}/_{4}$ l Weißwein
300 g Kartoffeln
1 Zwiebel
2 Karotten
2 Stangen Staudensellerie
$^{1}/_{2}$ Sellerieknolle
1 Zweig Rosmarin
etwas Thymian
10 Pfefferkörner
ZUM GARNIEREN:
Thymian
Rosmarin
Salbei

Die geschälten Kartoffeln in Stücke schneiden und in Salzwasser einmal kurz aufkochen lassen, abseihen und beiseite stellen.
Das Kitzfleisch mit Salz und Pfeffer würzen, in eine feuerfeste Form legen und für ca. 40 Minuten in den auf 180 °C vorgeheizten Backofen schieben, in dieser Zeit 3–4-mal wenden. Danach Pfefferkörner und Kräuter zugeben und den Ofen auf 160 °C zurückschalten.
Karotten, Staudensellerie, Sellerieknolle und Zwiebel in größere Stücke schneiden und mit den Kartoffeln zum Fleisch geben. Das Gemüse mitbraten, dabei öfter wenden und 3–4-mal mit Weißwein ablöschen. Das Ganze ca. 40–50 Minuten braten lassen.
Fleisch, Kartoffeln und Gemüse herausnehmen und warm stellen. Die Sauce durch ein Sieb gießen und ebenfalls warm stellen. Das Fleisch tranchieren und zusammen mit dem Gemüse und den Kartoffeln auf Tellern anrichten. Mit der heißen Sauce übergießen und mit frischem Rosmarin, Salbei und Thymian garnieren.

WEINTIPP
Südtiroler Blauburgunder Mazzon, Gottardi
Sehr eleganter und süffiger Blauburgunder.

Rehbraten mit Schupfnudeln und Karotten

1 kg Rehkeule ohne Knochen
Salz, Pfeffer
1 Zwiebel
1 Karotte
1 Stange Staudensellerie
10 Wacholderbeeren
1/2 l Rotwein
1 TL Tomatenmark
2–3 l Gemüsebrühe oder Wasser
100 g Pfifferlinge, geputzt
FÜR DIE BEILAGE:
16 Minikarotten
10 g Butter
Salz, Pfeffer
5 Scheiben Speck
4 Zweige Thymian
100 g Schwarzbeeren
4 gekochte Birnenspalten
2 EL Preiselbeermarmelade
Schupfnudeln

Fleisch mit Salz und Pfeffer würzen und in heißem Öl auf allen Seiten gut anbraten. Zwiebel, Karotte und Sellerie in grobe Stücke schneiden, zum Fleisch geben und mitrösten. Mit der Hälfte des Rotweins ablöschen, einkochen lassen. Das Tomatenmark dazugeben und mit dem restlichen Rotwein ablöschen. Erneut reduzieren lassen. Mit Wasser oder Gemüsebrühe auffüllen und aufkochen. Die zerdrückten Wacholderbeeren zugeben und ungefähr 2–2,5 Stunden kochen lassen. Gegen Ende der Kochzeit die Pfifferlinge zufügen und kurz mitkochen.
Für die Beilage die Schupfnudeln zubereiten. Außerdem die gewaschenen Minikarotten in Salzwasser 5–6 Minuten kochen, kurz in kaltem Wasser abschrecken und mit einem Tuch abreiben. Vor dem Servieren in einer Pfanne mit Butter erwärmen und mit Salz und Pfeffer würzen.
Den Speck in Streifen schneiden und in einer Pfanne anrösten. Das Fleisch und die Pfifferlinge aus der Sauce nehmen und warm stellen. Die Sauce durch ein Sieb geben. Das Fleisch in Scheiben schneiden, zusammen mit den Karotten, den Pfifferlingen und den Schupfnudeln auf Tellern anrichten, mit Sauce übergießen und mit Speck, Thymian, den mit Preiselbeermarmelade gefüllten Birnenspalten und Schwarzbeeren garnieren.

WEINTIPP
Cabernet Sauvignon Linticlarus, Schlosskellerei Turmhof, Tiefenbrunner
Feines grasiges Aroma mit herrlicher Johannisbeerfrucht.

Schupfnudeln

300 g gekochte Kartoffeln, passiert
3 Eigelb
30 g flüssige Butter
80 g Mehl
Salz, Muskatnuss
etwas Sonnenblumenöl
50 g Butter
3–4 EL Semmelbrösel
1 TL gehackte Petersilie

Die erkalteten, passierten Kartoffeln mit Butter verrühren und mit Salz und Pfeffer würzen. Mit Eigelb verrühren und mit dem Mehl verkneten. Den Teig in 2 x 2 cm große Würfel schneiden und mit den Fingern zu länglichen Rollen formen. In Salzwasser 3–4 Minuten kochen, abseihen und mit Öl verrühren, damit sie nicht zusammenkleben. Bis zum weiteren Gebrauch kalt stellen.
Die Butter zerlassen und darin die Semmelbrösel leicht rösten. Schupfnudeln in heißem Salzwasser erwärmen, abseihen und in der Pfanne mit den Bröseln schwenken. Mit Petersilie bestreut servieren.

Gamsbraten mit Quitten und Sprossenkohl

800 g Gamskeule (pariert, ohne Knochen)
Salz, Pfeffer
50 g Sonnenblumenöl
1 große Zwiebel
2 Karotten
1 Stange Staudensellerie
10 Wacholderbeeren
2 Lorbeerblätter
10 Pfefferkörner
1 TL Tomatenmark
1 Zweig Rosmarin
5 Zweige Thymian
¼–½ l Rotwein
3 l Wasser oder Brühe

FÜR DIE BEILAGE:

400 g Quitten
100 g Zucker
etwas Zitronenschale
12 Sprossenkohlröschen (Rosenkohl)
Salz, Pfeffer
1 TL Butter
ca. 60 g Sahne
4 Scheiben Speck, in Streifen

Das Gamsfleisch mit Salz und Pfeffer würzen. Einen Topf mit Öl erhitzen und das Fleisch darin von allen Seiten gut anbraten, herausnehmen und das Fett wegschütten. Karotten, Zwiebel und Sellerie klein schneiden. Das Fleisch in den Topf zurückgeben und mit dem Gemüse 10–15 Minuten rösten, das Tomatenmark einrühren und mit etwas Rotwein ablöschen. Weitergaren, dabei den Wein etwas einkochen lassen. Mit Brühe oder Wasser aufgießen, Pfefferkörner, Lorbeerblatt und Wacholderbeeren dazugeben, alles ungefähr zwei Stunden kochen lassen.

Das Fleisch herausnehmen, die Sauce durch ein Sieb gießen, Rosmarin und die Hälfte des Thymians dazugeben, ca. zehn Minuten in der Sauce ziehen lassen. Die Kräuter herausnehmen, das Fleisch wieder zur Sauce geben und warm halten.

Die Quitten schälen, achteln, das Kernhaus entfernen, mit dem Zucker und der Zitronenschale in einen Topf geben und mit Wasser bedecken. Die Quitten in ca. einer halben Stunde weich kochen und herausnehmen. Den Saft so lange einkochen, bis er dickflüssig ist, die Quitten wieder zugeben und im Saft ziehen lassen.

Vom Sprossenkohl die äußeren Blätter entfernen, den Strunk spitz herausschneiden und die Blättchen abzupfen. Waschen und in Salzwasser zwei Minuten kochen, abseihen. Butter zerlassen, die Kohlblättchen und die Speckstreifen dazugeben und mit der Sahne kurz aufkochen, salzen und pfeffern.

Die Sauce mit dem Fleisch noch einmal kurz aufkochen. Den Braten in Scheiben schneiden und zusammen mit den Quitten und den Sprossenkohlblättern anrichten. Das Fleisch mit der Sauce übergießen und alles mit Thymianzweigen garnieren.

TIPP

Sie können die Sauce auch mit Preiselbeeren verfeinern. Quitten lassen sich gut einwecken.

WEINTIPP

Cabernet Sauvignon Lafóa, Kellerei Schreckbichl
Eine Sonderabfüllung mit Cassis- und Pfefferminznoten, sehr kräftiger Wein mit viel Stoff. Ein Highlight dieser Kellerei.

Hirschmedaillons in der Walnusskruste mit Kastanien

8 Hirschmedaillons (à 60 g, ca. 3 cm dick)
10 Wacholderbeeren
Salz, Pfeffer
Sonnenblumenöl
4 Zweige Thymian
etwas Rosmarin
1/2 l Wildfond

FÜR DIE WALNUSSKRUSTE:

150 g Toastbrot, ohne Rinde
50 g Walnüsse
50 g zimmerwarme Butter
Salz, Pfeffer
1 Eigelb

FÜR DIE KASTANIEN:

ca. 30 Kastanien
25 g Zucker
100 ml Milch
100 g Sahne

ZUM GARNIEREN:

4 Zweige Thymian
Preiselbeeren

Für die Walnusskruste das Toastbrot mit den Walnüssen im Mixer fein zerkleinern. Die zimmerwarme Butter mit Salz und Eigelb schaumig schlagen, die Walnuss-Brot-Brösel untermischen. In Frischhaltefolie zu einer Wurst rollen und kalt stellen.
Kastanien quer einritzen und 20 Minuten bei 200 °C im Backofen braten. Herausnehmen, in ein feuchtes Tuch einschlagen und zehn Minuten ruhen lassen. Die Kastanien schälen. Zucker in einem Topf hellbraun karamellisieren. Die Kastanien dazugeben, mit Sahne und Milch aufgießen und die Flüssigkeit langsam einkochen, bis sie cremig ist. Warm stellen.
Die Hirschmedaillons salzen und mit zerdrückten Wacholderbeeren einreiben. In einer Pfanne wenig Öl erhitzen, die Medaillons auf beiden Seiten anbraten, im Backofen bei 180 °C 5–6 Minuten weitergaren (8–10 Minuten, wenn das Fleisch gut durchgebraten sein soll). Herausnehmen und warm stellen. Den Bratensatz mit Wildfond aufgießen und so lange einkochen, bis die Sauce cremig ist. Die Kräuter dazugeben und kurz mitziehen lassen. Die Walnussmasse in Scheiben schneiden, auf jedes Medaillon eine Scheibe legen und im Backofen bei Oberhitze gratinieren. Die Sauce aufkochen und durch ein Sieb gießen. Kastanien und Hirschmedaillons auf Tellern anrichten, mit Sauce beträufeln. Mit Thymian und Preiselbeeren garnieren.

TIPP

Man kann anstatt der Hirschmedaillons auch einen Reh- oder Gamsrücken nehmen und diesen vom Metzger in Medaillons schneiden lassen.
Als Beilage passen Polenta, Butterspatzln oder Lauchrösti.

WEINTIPP

Cornelius Rot Cornell, Kellerei Schreckbichl
Sehr kräftiger Wein mit Schokoladen-, Kaffee- und Kirscharomen; eine Cuvée aus Cabernet Sauvignon und Merlot mit großem Alterungspotenzial.

Wildfond

1 kg Wildknochen
1 Zwiebel
1 Karotte
1 Stange Staudensellerie
1 Stange Lauch
15–20 Wacholderbeeren
2 Lorbeerblätter
1 TL Tomatenmark
1/2 l Rotwein
3 l Wasser
Thymian
Rosmarin

Die Knochen in einen Bräter geben und im Backofen bei 170 °C eine Stunde rösten, dabei öfter umrühren. Zwiebel schälen, restliches Gemüse in grobe Stücke schneiden. Knochen in einen Topf umfüllen, das Gemüse dazugeben und mitrösten. Tomatenmark, Wacholderbeeren und Lorbeerblatt dazugeben. Kurz weiterrösten. Mit der Hälfte des Rotweins ablöschen, reduzieren lassen. Noch einmal mit Rotwein ablöschen, wieder einkochen. Mit 3 l Wasser aufgießen und bei kleiner Hitze aufkochen. Eineinhalb Stunden langsam kochen lassen, dabei öfter den Schaum abschöpfen. Die Knochen herausnehmen. Den Fond zuerst durch ein Sieb, dann durch ein Tuch passieren. Wieder auf den Herd stellen und auf die Hälfte einkochen. Rosmarin und Thymian in den Fond geben und 5–10 Minuten darin ziehen lassen. Den Wildfond kann man zu Saucen weiterverarbeiten oder für andere Wildgerichte verwenden. Er lässt sich gut portionsweise einfrieren.

Fasanenbrust mit Wirsing und roten Zwiebeln

4 Fasanenbrüste, pariert
Salz, Pfeffer
10 Wacholderbeeren
1 Zweig Rosmarin
30 g Butter
1 EL Blüten- oder Waldhonig
3 EL Nussöl (ersatzweise Sonnenblumenöl)
FÜR DIE ROTWEINZWIEBELN:
2 rote Zwiebeln
1 l kräftiger Rotwein
50 g Zucker
1 Prise Salz
etwas Orangenschale
FÜR DIE BEILAGE:
200 g Wirsing
1 Schalotte
125 g Sahne
Salz, Pfeffer
50 g Walnüsse, grob zerkleinert
4 Zweige Thymian

Für die Rotweinzwiebeln die Zwiebeln in kleine Würfel schneiden. In kaltem Wasser zehn Minuten wässern. Rotwein mit Zucker und Orangenschale aufkochen. Die Zwiebelwürfel dazugeben, leicht salzen und langsam kochen lassen, bis der Wein fast vollständig eingekocht ist. Beiseite stellen.
Für die Beilage den Wirsing waschen, die dicke Blattrippe herausschneiden und die Blätter in ca. 2 x 2 cm große Vierecke schneiden. In Salzwasser blanchieren, abtropfen lassen. Die Sahne aufkochen, mit Salz und Pfeffer würzen, den Wirsing dazugeben und etwas einkochen lassen. Die Walnüsse untermischen.
Die Fasanenbrüste mit Salz und Pfeffer würzen, mit zerdrückten Wacholderbeeren einreiben und mit Honig bestreichen. Eine Pfanne mit Öl erhitzen, das Fleisch auf beiden Seiten leicht anbraten, den Rosmarin dazugeben. Im 170 °C heißen Backofen 5–6 Minuten garen. Aus dem Ofen nehmen und die Butter in die Bratenflüssigkeit einrühren.
Wirsing auf die Teller geben, die Rotweinzwiebeln auf dem Wirsing verteilen. Die Fasanenbrust eventuell in 3–4 Scheiben schneiden, auf das Gemüse legen, mit der Buttersauce beträufeln und mit Thymian garnieren.

WEINTIPP

Südtiroler Lagrein Dunkel, Franz Gojer, Glögglhof
Feine Waldfrucht- und Veilchenaromen, sehr eleganter, weicher und voller Lagrein.

Wildentenbrust mit Brombeeren

600 g Wildentenbrust (pariert)
Salz, Pfeffer
etwas Rosmarin
etwas Thymian
10 Wacholderbeeren
4 EL Olivenöl
250 g Brombeeren
25 g Zucker
$^{1}/_{4}$ l kräftiger Rotwein
ZUM GARNIEREN:
Thymian

Für die Brombeeren Zucker in einem Topf hellbraun karamellisieren lassen. Die gewaschenen und abgetrockneten Brombeeren dazugeben, mit Rotwein ablöschen. Einmal aufkochen lassen und beiseite stellen. Die Wildentenbrust mit Salz und Pfeffer würzen und in einer heißen Pfanne mit Öl auf beiden Seiten anbraten. Die Kräuter dazugeben und 3–4 Minuten weitergaren. Die Brombeeren auf die Teller verteilen. Das Fleisch in dicke Scheiben schneiden, auf den Brombeeren anrichten und mit Thymian garnieren.

TIPP

Als Beilage passen Polenta oder Kräuterspatzln.

WEINTIPP

Arzio, Baron Di Paoli
Feine Brombeerfrucht mit leichten Röstaromen (Vanille, Tabak, Kaffee). Ausgesprochen runder Merlot, der etwas Zeit braucht sich zu entfalten (frühzeitig entkorken); sehr anhaltend am Gaumen.

Fasanenbrust mit Wirsing und roten Zwiebeln
Wildentenbrust mit Brombeeren

Rebhuhn mit Quitten und pikanten Zwetschgen

8 Rebhuhnbrüste, 8 Rebhuhnkeulen (beides vom Metzger parieren lassen)
200 g Kürbiskerne
5–7 EL Sonnenblumenöl
Salz, Pfeffer
1 Zweig Rosmarin
4 Zweige Thymian
FÜR DIE QUITTEN:
2 mittelgroße Quitten
50 g Zucker
100 ml Wasser
FÜR DIE ZWETSCHGEN:
12 Zwetschgen
1 l Wasser
50 g Zucker
1 Peperoncino
1 EL Zwetschgenschnaps
1 El Honig
ZUM GARNIEREN:
frische Zitronenverbene oder Zitronenmelisse

Die Quitten gut waschen, mit dem Gemüsehobel in dünne Scheiben schneiden. Das Kernhaus ausstechen. Quittenscheiben 3–4 Minuten in Zuckerwasser kochen. Abseihen und beiseite stellen.
Die Zwetschgen halbieren. Wasser mit Zucker aufkochen, auf die Hälfte einkochen. Zwetschgen dazugeben, erneut aufkochen. Peperoncino in dünne Streifen schneiden und zu den Zwetschgen geben, mit Schnaps und Honig abschmecken.
Kürbiskerne in einer Pfanne rösten, dann fein hacken. Das Fleisch salzen und pfeffern. Die Keulen in heißem Öl auf allen Seiten anbraten, etwas Rosmarin und Thymian dazugeben und für weitere 6–8 Minuten in den 180 °C heißen Backofen schieben. Die Brüste in Sonnenblumenöl langsam auf beiden Seiten anbraten, Rosmarin und Thymian dazugeben. Im Ofen fünf Minuten garen. (Achtung: Die Rebhuhnbrüste sind schneller gar als die Keulen!) Keulen und Brüste in gehackten Kürbiskernen wälzen und warm stellen.
Quitten in einer Pfanne ohne Öl ganz leicht anbraten, auf Teller verteilen, Rebhuhn darauf anrichten und mit Zwetschgen und Zitronenverbene (oder Zitronenmelisse) garnieren.

TIPP
Die pikanten Zwetschgen sollten Sie ungefähr drei Tage vorher zubereiten, damit sie gut durchziehen können. Sie können aber auch ein Fertigprodukt verwenden. Als Beilage passen Bratkartoffeln oder Kartoffelgratin.

WEINTIPP
Espan (Zweigelt), Hoandlhof
Eine kleine Rarität. Der einzige Rotwein aus dem Eisacktal. Wird im Barriquefass ausgebaut, sehr wuchtiger, trotzdem geschmeidiger Wein.

Kartoffelgratin

400–500 g Kartoffeln
200 g Sahne
200 ml Milch
Salz, Pfeffer
2–3 Knoblauchzehen
einige Zweige Thymian

Die gewaschenen und geschälten Kartoffeln in dünne Scheiben schneiden und in eine gebutterte feuerfeste Form schichten.
Die Sahne und die Milch mit den zerdrückten Knoblauchzehen, Salz, Pfeffer und Thymian 3–4 Minuten kochen lassen. Abseihen, Knoblauch und Thymian entfernen und über die Kartoffelscheiben gießen, flachdrücken. Für ungefähr 50 Minuten in den 170 °C heißen Backofen schieben.
Das Gratin herausnehmen, leicht abkühlen lassen und servieren.

TIPP
Sie können zwischen die Kartoffelscheiben in Streifen geschnittenen, blanchierten Lauch oder geraspelte Äpfel schichten. Kartoffelgratin passt gut zu Lammgerichten und Fleisch mit Saucen.

Maispoularde mit Kipflerkartoffeln und Ochsenherzkarotten

4 Maispoulardenbrüste (à ca. 150 g)
2 Zweige Rosmarin
Salz, Pfeffer
4 EL Sonnenblumenöl
250 g Kipflerkartoffeln
250 g Ochsenherzkarotten
30 g Butter
ZUM GARNIEREN:
Thymian

Die Kartoffeln waschen und in Salzwasser ca. 45 Minuten kochen. Abseihen und auskühlen lassen, anschließend schälen und in Scheiben schneiden. Karotten in Salzwasser 30–35 Minuten kochen. Herausnehmen und mit einem Tuch abreiben. In längliche Scheiben schneiden. Von den Poulardenbrüsten das Fett abschneiden, Sehnen heraustrennen, salzen und pfeffern. Die Brüste auf der Hautseite in heißem Öl anbraten. Rosmarin dazugeben und das Fleisch wenden. Bei 180 °C 6–8 Minuten im Backofen garen. In der Zwischenzeit die Kartoffeln in einer beschichteten Pfanne goldgelb braten. Karotten in Butter schwenken. Karotten und Kartoffeln auf Tellern anrichten. Das Fleisch in Scheiben schneiden und auf das Gemüse legen, mit Thymian garnieren.

TIPP

„Naglerner Kipfler" (Hörnchenkartoffeln) sind sehr fest kochend und eignen sich gut für Röstkartoffeln. Die „Ochsenherzkarotte" ist eine alte Karottensorte und hat die Form eines Herzens. Natürlich können Sie auch normale Karotten und Kartoffeln verwenden.

WEINTIPP

Merlot Siebeneich Riserva, Kellerei Schreckbichl
Am Anfang etwas verschlossen, nach längerer Luftzufuhr entfaltet er ein ausgereiftes Fruchtaroma mit weichem Abgang.

Fischgerichte

Bachforelle auf Blattspinat

4 küchenfertige Bachforellen (à ca. 250 g)
etwas Dill
2 Knoblauchzehen
4–5 EL Sonnenblumenöl
Salz, Pfeffer
FÜR DIE BEILAGE:
500–600 g Blattspinat (oder 300 g Tiefkühl-Spinat)
1 TL Butter
2 Knoblauchzehen
1 kleine Zwiebel
etwas Muskatnuss
2–3 EL Mandelblättchen
1 TL Butter

Dill und Knoblauch grob hacken, Forellen damit innen einreiben. Forellen in einer Pfanne mit Öl auf beiden Seiten anbraten, bei kleiner Hitze 8–10 Minuten weiterbraten.
Für den Spinat Zwiebel und Knoblauch in Butter anschwitzen, den gewaschenen und abgetropften Spinat dazugeben, mit Salz und Muskat würzen, weich dünsten, die Flüssigkeit abseihen. Mandelblätter in Butter goldgelb werden lassen.
Den Spinat auf die Teller verteilen, die Forellen darauf anrichten und mit Mandelblättchen bestreuen.

WEINTIPP

Südtiroler Weißburgunder Sirmian, Kellerei Nals & Margreid-Entiklar
Sehr eleganter Weißwein mit angenehmer Säure und feiner Apfelnote; ideal zu unseren einheimischen Fischen.

Bachforelle im Kräutersalzteig

FÜR DEN SALZTEIG:
1kg feines Salz
100 g Meersalz
1 kg Mehl
6 Eier
300 ml Wasser
50 g gemischte Kräuter (Petersilie, Dill, Rosmarin, Salbei, Thymian)
FÜR DEN FISCH:
4 küchenfertige Bachforellen (à 200–250 g)
etwas Olivenöl
50 g gehackter Dill
AUSSERDEM:
1 Ei

Die Kräuter fein hacken. Für den Salzteig Mehl, Salz, Eier und Wasser mit den gehackten Kräutern zu einem Teig verkneten. Eine halbe Stunde ruhen lassen. Die Forellen außen mit Olivenöl einreiben und innen mit gehacktem Dill füllen. Den Salzteig ausrollen, die Forellen darin einzeln einschlagen. Den Teig mit verquirltem Ei bestreichen, anschließend für 18–20 Minuten in den auf 200 °C vorgeheizten Backofen schieben. Herausnehmen, den Teig seitlich aufschneiden und den Fisch in der Kruste servieren.

TIPP

Der Salzteig gibt nur die Würze, er wird nicht mitgegessen.
Als Beilage passen Salzkartoffeln und grüne Blattsalate.

WEINTIPP

Weißburgunder Graf von Meran, Meraner Kellerei
Frischer, angenehmer Wein mit leichten Apfelnoten und schön ausgeprägter Säure.

Stockfischgröstl mit Krautsalat

600 g Stockfisch (gewässert und ohne Gräten)
1 Zwiebel
8 EL Olivenöl
Salz, Pfeffer
250 g Sahne
1 Lorbeerblatt
2 EL gehackte Petersilie
500 g Kartoffeln
4 EL Sonnenblumenöl
FÜR DEN KRAUTSALAT:
500 g Weißkraut
50 g Speck, in feinen Streifen
ca. 8 EL Sonnenblumenöl
ca. 4–6 EL Weißweinessig
Salz, Pfeffer
1 EL Schnittlauch, in Röllchen

Den Stockfisch waschen, in ein Tuch einbinden und in reichlich Wasser ungefähr eine Stunde kochen lassen. Herausnehmen und die Haut entfernen.
Die Kartoffeln mit Schale in Salzwasser weich kochen (ca. 40 Minuten), abseihen und erkalten lassen. Anschließend schälen, in Scheiben schneiden und in heißem Sonnenblumenöl goldgelb braten. Mit Salz und Pfeffer würzen.
Inzwischen das Weißkraut in dünne Streifen schneiden. Die Speckstreifen in Sonnenblumenöl leicht anziehen lassen, mit Essig ablöschen und zum Weißkraut geben. Alles gut vermengen und mit Schnittlauch bestreuen.
Zwiebel in feine Streifen schneiden, in Olivenöl goldgelb werden lassen, den Stockfisch dazugeben. Mit Salz und Pfeffer würzen, das Lorbeerblatt zufügen und kurz mitdünsten. Mit Sahne aufgießen. Die Kartoffeln dazugeben und 2–3 Minuten mitkochen. Mit gehackter Petersilie bestreuen.
Das Stockfischgröstl mit dem Krautsalat servieren.

WEINTIPP
Sylvaner, Peter Pliger, Kuenhof
Gehaltvoller, im Akazienholz ausgebauter Tropfen.

Seeteufel im Speckmantel mit Tomaten, Oliven und Linsen

600 g Seeteufel, küchenfertig
12 dünne Scheiben Speck
8 EL Olivenöl
FÜR DIE BEILAGEN:
100 g grüne Oliven ohne Stein
100 g schwarze Oliven ohne Stein
4 Zweige Rosmarin (ca. 20 cm lang)
Salz, Pfeffer
2 Tomaten
1 Bund Basilikum
FÜR DIE LINSEN:
50 g grüne Linsen
Salz, Pfeffer
2 Schalotten
4 EL Olivenöl
1/2 l Gemüsebrühe oder Wasser
1 Zweig Rosmarin
50 g Speck, in Würfel geschnitten
4 EL Olivenöl extra vergine (kaltgepresst)

Die Linsen 3–4 Stunden in kaltem Wasser einweichen, abseihen. Die Schalotten klein schneiden, in Olivenöl anschwitzen, die Linsen dazugeben und kurz mitdünsten. Mit Gemüsebrühe oder Wasser aufgießen. Speck und Rosmarin dazugeben, mit Salz und Pfeffer würzen und in 35–40 Minuten weich kochen. Die restliche Flüssigkeit abseihen und die Linsen warm stellen.
Die Haut der Tomaten kreuzweise einschneiden und kurz in kochendes Wasser tauchen. Die Haut abziehen, die Kerne entfernen und das Tomatenfleisch in Filets schneiden. Die Oliven halbieren oder in Scheiben schneiden.
Den Seeteufel in zwölf gleich große Stücke zerteilen und in die Speckscheiben wickeln. Von den Rosmarinzweigen die Nadeln bis zur Spitze entfernen. Die Seeteufelstücke auf den Rosmarinzweig spießen und in Olivenöl auf allen Seiten anbraten. Die Pfanne für 8–10 Minuten in den Backofen (bei 160 °C) schieben, Tomaten und Oliven dazugeben und kurz mitdünsten. Basilikum fein hacken und zum Fisch geben.
Die Spieße auf Tellern oder einer Platte anrichten, Tomaten und Oliven darübergeben und die Linsen daneben anrichten. Mit kaltgepresstem Olivenöl beträufeln.

WEINTIPP

Lagrein Riserva, Johannes Pfeifer, Pfannenstielhof
Wer sich nicht vorstellen kann, dass ein Südtiroler Rotwein zu Fisch passt, sollte dies mit diesem kräftigen, nach Veilchen und Waldfrüchten duftenden Lagrein probieren.

Gedämpftes Saiblingsfilet auf Gemüsebett und Petersilienkartoffeln

4 Saiblingsfilets (à ca. 150 g)
Salz, Pfeffer
FÜR DIE BEILAGE:
2 Karotten
2 Zucchini
1/2 Sellerieknolle
3–4 EL Olivenöl
Salz, Pfeffer
etwas Dill, fein gehackt
4 EL Olivenöl
4–8 Kartoffeln (je nach Größe), geschält
1 EL gehackte Petersilie
10 g Butter

Die Saiblingsfilets entgräten. Das geschälte Gemüse in feine Streifen schneiden und einzeln in Salzwasser weich kochen, abschrecken. Die Kartoffeln in kleine Stücke schneiden und ebenfalls in Salzwasser weich kochen. Den fein gehackten Dill mit etwas Olivenöl verrühren.
In einen Topf mit Gittereinsatz nur so viel Wasser füllen, dass das Gitter nicht bedeckt ist. Zum Kochen bringen. Saiblinge würzen, auf den Gittereinsatz legen und ca. 5–6 Minuten dämpfen.
Die Gemüsestreifen kurz in Olivenöl anschwitzen, auf die Teller geben, das Saiblingsfilet darauf anrichten, die Kartoffeln in Butter und Petersilie schwenken und anlegen, den Fisch mit Dillöl beträufeln.

TIPP

Falls Sie keinen Dampfeinsatz haben, können Sie die Saiblingsfilets auch 5–6 Minuten in etwas Gemüsebrühe dünsten. Auf diese Art und Weise können Sie auch Forellenfilets zubereiten.

WEINTIPP

Feldmarschall von Fenner, Schlosskellerei Turmhof, Tiefenbrunner
Ein Müller Thurgau mit schöner Muskatnote und frischer Säure. Dieser Wein wird in den am höchsten gelegenen Lagen Südtirols angebaut.

Seeteufel im Speckmantel mit Tomaten, Oliven und Linsen
Gedämpftes Saiblingsfilet auf Gemüsebett und Petersilienkartoffeln

Steinbuttfilet auf Kartoffel-Fenchel-Sellerie-Gemüse

4 Steinbuttfilets mit Haut (à 130 g)
Salz, Pfeffer
4 EL Olivenöl
200 g gekochte Kartoffeln
1 Fenchelknolle
1 Stange Staudensellerie
1 Tomate, geschält und gewürfelt
12–15 schwarze Oliven ohne Stein
4 EL Olivenöl
ZUM GARNIEREN:
etwas Kerbel

Die gekochten Kartoffeln schälen und in kleine Würfel schneiden. Den Staudensellerie in Scheiben schneiden und in Salzwasser zwei Minuten kochen. Abseihen und abkühlen lassen. Den Fenchel halbieren, den Strunk herausschneiden, in dickere Scheiben schneiden und in nicht zu heißem Olivenöl 6–8 Minuten anziehen lassen. Sellerie und Kartoffeln dazugeben und 2–3 Minuten mitdünsten. Kurz vor Garende die Tomatenwürfel und die halbierten Oliven in die Pfanne geben. Mit Salz und Pfeffer würzen.
Beim Steinbuttfilet die Haut etwas einschneiden. In einer heißen Pfanne mit Olivenöl auf der Hautseite zwei Minuten anbraten, wenden, salzen und pfeffern und langsam fertiggaren (5–6 Minuten).
Das Gemüse erwärmen, auf eine Platte geben und die Steinbuttfilets auf das Gemüse legen und mit Kerbel garnieren.

TIPP

Statt des Steinbutts können Sie auch Seewolf oder St.-Peter-Fisch nehmen.

WEINTIPP

Südtirol Eisacktaler Sylvaner Aristos, Eisacktaler Kellerei
Gehaltvoller, lang anhaltender Silvaner.

Beilagen

Bratkartoffeln

Kartoffelmenge je nach Bedarf
Salz
Sonnenblumenöl

Die Kartoffeln schälen, in Würfel schneiden und kurz in Salzwasser aufkochen. Abseihen und mit etwas Öl in einen heißen Bräter geben, im Backofen bei 180 °C in ca. 50 Minuten goldgelb werden lassen. Während des Bratens öfter wenden.

Röstkartoffeln

Kartoffelmenge je nach Bedarf
Salz
Sonnenblumenöl

Die Kartoffeln in Salzwasser weich kochen, abseihen und erkalten lassen. Anschließend schälen, in Scheiben schneiden und in Sonnenblumenöl goldgelb braten.

TIPP
Sie können auch Zwiebeln mitbraten und die Kartoffeln mit gehackter Petersilie bestreuen.

Rösti aus rohen Kartoffeln

450 g Kartoffeln
2 Eigelb
Salz
8 El Sonnenblumenöl
1 El Parmesan, gerieben

Die Kartoffeln waschen, schälen und grob reiben. In einem Tuch ausdrücken und mit Eigelb, Salz und Parmesan vermischen. Öl in einer Pfanne erhitzen, die Kartoffelmasse 1 cm dick in die Pfanne geben und auf beiden Seiten goldgelb braten. Anschließend für fünf Minuten in den 160 °C heißen Backofen schieben.

TIPP
Diese Rösti eignen sich gut als Beilage für Lamm- und Wildgerichte.

Rösti aus gekochten Kartoffeln

400 g Pellkartoffeln
100 g Zwiebeln
Salz, Pfeffer
Öl

Die erkalteten Kartoffeln schälen, hobeln und in heißem Öl goldgelb braten. Mit Salz und Pfeffer würzen.
Die Zwiebeln in feine Streifen schneiden und in einer Pfanne anbraten. Zu den Kartoffeln geben.

TIPP
Sie können auch etwas fein geschnittenen Speck dazugeben.

Lauchrösti

200 g rohe Kartoffeln
1 Eigelb
2 EL Sonnenblumenöl
4 EL Olivenöl
200 g Lauch
200 g Sahne
Salz, Pfeffer, Muskatnuss
100 g Blätterteig (frisch oder tiefgekühlt)
1 Ei

Die Kartoffeln grob reiben, abtrocknen, dann mit dem Eigelb verrühren. Eine Pfanne mit Sonnenblumenöl erhitzen. Mit dem Löffel einen 1 cm dicken Klecks von der Kartoffelmasse in die Pfanne geben und auf beiden Seiten goldgelb braten. Den Lauch in Streifen schneiden und in heißem Olivenöl anziehen lassen. Mit Sahne aufgießen und mit Salz und Muskatnuss würzen, cremig einkochen. Rösti auf ein eingeöltes Backblech geben. Die Lauchmasse darauf verteilen und mit einer ausgerollten Blätterteigplatte bedecken. Mit verquirltem Ei bestreichen und bei 180 °C ca. zehn Minuten backen.

Gemischtes Gemüse

80 g Karotten
80 g Zucchini
80 g Erbsen
80 g Champignons
80 g Sellerieknolle
etwas Butter oder Olivenöl

Das Gemüse in Streifen oder Würfel schneiden und nach Gemüsesorten getrennt im selben Salzwasser bissfest kochen. Herausnehmen und in kaltem Wasser abschrecken. Eine Pfanne mit Butter oder Olivenöl erhitzen und das Gemüse darin schwenken. Mit Salz und Pfeffer würzen und mit Petersilie bestreuen.

Polenta

1 l Wasser
50 g Butter
1 Lorbeerblatt
200 g Polentamehl, mittelfein (Maisgrieß)
Salz

Wasser mit Butter, Lorbeerblatt und Salz aufkochen. Das Polentamehl mit dem Schneebesen einrühren und zugedeckt bei kleiner Hitze ca. 40–50 Minuten kochen lassen. In dieser Zeit öfter umrühren.

TIPP

Polenta können Sie auch in einer Form erkalten lassen, dann in Scheiben schneiden und auf dem Rost oder in der Pfanne braten. Mit geriebenem Parmesan und hellbrauner Butter servieren.

Butterspatzln, Kräuterspatzln

200 g Mehl
4 Eier
Salz
4 El Öl
(für Kräuterspatzln noch gemischte, gehackte Kräuter)

Mehl mit Eiern und Salz zu einem glatten Teig verrühren (für Kräuterspatzln geben Sie noch die gemischten, gehackten Kräuter dazu). Mit dem Spatzlhobel Spatzln ins kochende Salzwasser hobeln. Einmal aufkochen lassen, in kaltem Wasser abschrecken, abseihen. Etwas Öl unter die Spatzln mischen, damit sie nicht zusammenkleben.
Vor dem Servieren im warmen Wasser erwärmen und mit Butter und Petersilie servieren.

Desserts

Kastanienreis mit Preiselbeeren

1 kg Kastanien
$1/2$ l Milch
100 g Zucker
1 TL Zimt
2 EL Honig
2 EL Rum
FÜR DEN ZUCKERSIRUP:
100 g Zucker
300 ml Wasser
ZUM ANRICHTEN:
200 g Preiselbeermarmelade
100 g geschlagene Sahne
4 Minzeblätter

Kastanien in reichlich Wasser eine Stunde kochen lassen, abseihen, halbieren und mit einem kleinen Löffel das Kastanienfleisch aus der Schale kratzen. Die Milch mit Zucker, Honig und Zimt aufkochen, die Kastanien dazugeben und cremig einkochen. (Achtung: Die Kastanien brennen leicht an, deshalb bei nicht zu großer Hitze kochen lassen und immer wieder umrühren.) Anschließend die Masse durch die Flotte Lotte (Handpassiergerät) pressen. Für den Sirup Zucker mit Wasser so lange aufkochen, bis sich der Zucker vollständig aufgelöst hat, dann langsam unter die Kastanienmasse rühren, bis diese cremig ist. Mit Rum abschmecken.
Preiselbeermarmelade auf Teller geben. Die Kastanienmasse mit der Kartoffelpresse auf die Preiselbeeren drücken. Mit geschlagener Sahne und Minze garnieren.

TIPP

Aus der Masse kann man auch Kastanienherzen formen und mit Schokolade überziehen (siehe Abb. 168). Wenn Sie tiefgefrorene Kastanien verwenden, sollten Sie diese ungefähr eine Stunde in reichlich Milch kochen.

Apfeltörtchen mit Preiselbeeren

250 g Äpfel
1 TL Butter
1 TL Zucker
60 g weiche Butter
2 Eigelb
40 g Zucker
1 Päckchen Vanillezucker
etwas Zitronenschale
80 g Mehl
30 g gemahlene Haselnüsse
1 Prise Salz
2 Eiweiß
2 EL Semmelbrösel
FÜR DIE PREISELBEEREN:
200 g Preiselbeermarmelade
Saft einer Orange
$1/4$ l Rotwein
ZUM GARNIEREN:
Minzeblätter

Die Äpfel schälen, in kleine Stücke schneiden oder raspeln. In einer Pfanne mit Butter und Zucker 2–3 Minuten anschwitzen, dann abkühlen lassen. Die weiche Butter cremig schlagen, Eigelb und Zucker unterrühren, Zitronenschale und Vanillezucker dazugeben. Das Mehl mit den gemahlenen Haselnüssen mischen. Eiweiß mit einer Prise Salz steif schlagen. Abwechselnd Äpfel, Mehl und Eischnee unter die Eiermasse heben.
Den Rotwein auf die Hälfte einkochen lassen, dann den Orangensaft hinzufügen: Kurz vor dem Servieren die Preiselbeermarmelade einrühren.
Förmchen mit Butter einspinseln und mit Brösel ausstreuen, zu drei Vierteln mit dem Teig füllen und bei 170 °C 30–35 Minuten im Backofen backen.
Aus dem Ofen nehmen, etwas abkühlen lassen und aus den Förmchen stürzen. Die Apfeltörtchen mit den Preiselbeeren anrichten und mit Minze garnieren.

TIPP

Diese Menge ergibt 4–7 Portionen, je nach Größe der Förmchen. Wenn Sie keine Förmchen haben, füllen Sie die Masse einfach in ein Muffinblech. Anstatt der Preiselbeeren kann man zu den Apfeltörtchen auch Kirsch- oder Marillenkompott servieren.

Kastanienreis mit Preiselbeeren
Apfeltörtchen mit Preiselbeeren

Nektarinentörtchen mit Pfirsichen und Rotweinsauce

FÜR DEN BISKUITTEIG:
100 g Mehl
30 g Stärkemehl
1 TL Kakaopulver
4 Eier
100 g Zucker
1 Päckchen Vanillezucker
FÜR DIE NEKTARINENCREME:
3 Nektarinen
100 g Zucker
2 Blatt Gelatine
2 EL Rum
70 g weiße Schokolade
200 g geschlagene Sahne
2 Eigelb
FÜR DIE ROTWEINSAUCE:
1/2 l kräftiger Rotwein
100 g Zucker
5 Nelken
1/4 Zimtstange
etwas Schale von einer unbehandelten Orange und Zitrone
ZUM ANRICHTEN:
2–3 Pfirsiche
Wasser
Zucker
Minze
Himbeeren

Für den Biskuit das Mehl mit der Stärke und dem Kakaopulver mischen und auf Backpapier sieben. Die Eier mit dem Zucker im heißen Wasserbad schaumig aufschlagen, dann auf Eiswasser so lange schlagen, bis die Masse kalt ist. Die gesiebte Mehlmischung vorsichtig mit dem Schneebesen unterheben. Den Biskuitteig ca. 2 cm dick auf ein mit Backpapier ausgelegtes Blech streichen und bei 200 °C 6–7 Minuten backen. Herausnehmen, etwas abkühlen lassen und auf ein gezuckertes Tuch stürzen. Das Backpapier abziehen.
Für die Nektarinencreme die Nektarinen in kleine Stücke schneiden und mit der Hälfte des Zuckers weich kochen. Abseihen und im Mixer pürieren. Die Schokolade im Wasserbad schmelzen. Die Gelatine in kaltem Wasser zehn Minuten einweichen, ausdrücken und mit dem Rum in einem kleinen Topf erwärmen. Eigelb mit dem restlichen Zucker im Wasserbad schaumig schlagen, dann auf Eiswasser kalt schlagen. Das Nektarinenpüree dazugeben. Die im Rum aufgelöste Gelatine und die flüssige Schokolade vorsichtig unterrühren. Die geschlagene Sahne unterheben.
Aus dem Biskuit Kreise ausstechen (ca. 7 cm im Durchmesser), mit Alufolie einen 3 cm hohen Rand um die Biskuitkreise legen und mit Büroklammern zusammenheften. Die Nektarinencreme einfüllen und die Törtchen ungefähr drei Stunden kalt stellen.
Die Pfirsiche waschen, in dünne Scheiben schneiden und in Zuckerwasser 2–3 Minuten kochen lassen. Für die Rotweinsauce den Rotwein mit Zucker, Nelken, Zimtstange, Orangen- und Zitronenschale auf ein Drittel einkochen. Die Törtchen auf Teller geben, die Pfirsichscheiben dachziegelartig daneben anrichten und mit Himbeeren und Minze garnieren. Mit der Rotweinsauce ein schönes Muster ziehen.

WEINTIPP
Südtiroler Gewürztraminer Cresta, Weinkellerei Hans Rottensteiner
Gewürztraminer Passito; voller, nach Mandeln und Rosinen duftender Wein.

Ribisltörtchen mit Waldfrüchten

120 g Topfen (Quark)
20 g Speisestärke
25 g Zucker
1 Päckchen Vanillezucker
3 Eigelb
3 Eiweiß
1 Prise Salz
120 g Ribisln (Rote Johannisbeeren)
etwas Staubzucker
etwas Butter für die Formen
FÜR DIE WALDFRÜCHTE:
500 g gemischte Waldfrüchte (Erdbeeren, Brombeeren, Schwarzbeeren, Himbeeren)
etwas Honig
ZUM GARNIEREN:
Minze

Topfen mit Salz, Eigelb, Stärke, Vanillezucker und Zucker glatt rühren. Eiweiß steif schlagen und unterheben. Die Formen mit zerlassener Butter ausstreichen, Topfenmasse in die Formen geben. Ribisln mit Staubzucker bestreuen und auf den Törtchen verteilen. Für zwölf Minuten in den auf 170 °C vorgeheizten Backofen schieben. Die Waldfrüchte waschen und abtrocknen, dekorativ auf Tellern anrichten, mit Honig beträufeln und mit Minze garnieren. Die Törtchen auf die Früchte setzen und mit Staubzucker bestäuben.

TIPP

Zu den Törtchen können Sie noch eine Minzesauce servieren. Dafür verfeinert man eine Vanillesauce mit etwas Minzesirup und fein geschnittener, frischer Minze. Anstatt einzelner Förmchen kann man ein Muffinblech verwenden.

Vanilleparfait mit Himbeeren

FÜR DAS PARFAIT:
2 Eier
1 Eigelb
100 g Zucker
50 g weiße Schokolade
1 Vanilleschote
1 Päckchen Vanillezucker
2 cl Kirschwasser (ersatzweise Rum)
250 g Sahne
FÜR DIE HIMBEEREN:
350 g frische Himbeeren
1 EL Honig
FÜR DIE HIPPENMASSE:
20 g Mehl
20 g Staubzucker
20 g flüssige Butter
20 g Eiweiß
ZUM GARNIEREN:
etwas Minze
1 EL Staubzucker

Eier, Eigelb, Zucker, Vanillezucker und das ausgekratzte Vanillemark in einem Schlagkessel verrühren. Im Wasserbad so lange schlagen, bis die Masse schön dick und cremig ist. Vom Herd nehmen und auf Eiswasser kalt schlagen.
Schokolade im Wasserbad schmelzen, leicht abkühlen lassen und zusammen mit dem Kirschwasser unter die Eiermasse rühren. Die Sahne schlagen und locker unterheben. Eine Terrinenform (oder Timbaleförmchen bzw. kleine Tassen) mit Frischhaltefolie auskleiden und mit der Parfaitmasse füllen. Ungefähr vier Stunden ins Gefrierfach stellen.
Für die Hippen Mehl, Staubzucker, flüssige Butter und Eiweiß verrühren. Eine Stunde kalt stellen. Mit dem Teig dünne Streifen von ca. 2 x 15 cm auf ein gefettetes Backpapier streichen. Im vorgeheizten Backofen bei 180 °C goldgelb backen. (Achtung: Das geht schnell!) Herausnehmen und die noch heißen Streifen um einen Kochlöffelstiel wickeln, nach dem Erkalten vorsichtig abnehmen.
Die Himbeeren mit Honig beträufeln und auf Tellern anrichten. Das Parfait aus der Form nehmen, in Scheiben schneiden und zu den Himbeeren geben. Mit Minze und Hippenröllchen garnieren.

Erdbeerrosette mit Himbeersauce und Joghurt

500 g Erdbeeren
1 EL Staubzucker
10 Minzeblätter
FÜR DIE HIMBEERSAUCE:
300 g Himbeeren
60 g Zucker
Saft einer halben Zitrone
1 cl Himbeergeist
FÜR DIE JOGHURTSAUCE:
125 g Naturjoghurt
50 g Zucker
Saft einer halben Zitrone
ZUM GARNIEREN:
Minze
100 g Schwarzbeeren

Die Himbeeren mit Zucker und Zitronensaft vermischen und mit dem Stabmixer pürieren. Durch ein feines Sieb streichen, mit Himbeergeist verrühren und kalt stellen. Den Naturjoghurt mit Zucker und Zitronensaft glatt rühren.
8–10 große Erdbeeren in feine Scheiben schneiden.
Die restlichen Erdbeeren würfeln, mit Staubzucker bestreuen und mit fein geschnittener Minze vermischen. Vier Ringe mit einem Durchmesser von ca. 7 cm mit den Erdbeerscheibchen auslegen und die Erdbeerwürfel einfüllen, leicht andrücken. Die Erdbeerrosetten mithilfe einer breiten Palette auf Tellern anrichten, den Ring abziehen und mit der Himbeersauce umgießen. Mit dem Naturjoghurt Tropfen in die Himbeersauce setzen und mit einem Zahnstocher durchziehen, damit ein Muster entsteht. Mit Minze und Schwarzbeeren garnieren.

TIPP

Sie können die Erdbeeren auch einfach kreisförmig auf dem Teller anrichten und die Himbeersauce vorsichtig angießen.

Vanilleparfait mit Himbeeren
Erdbeerrosette mit Himbeersauce und Joghurt

Lebkuchenmousse mit Kaki- und Rotweinsauce

FÜR DIE MOUSSE:
1 Blatt Gelatine
2 EL Kirschwasser
45 g Lebkuchen
$^{1}/_{2}$ TL Lebkuchengewürz
2 Eier
1 Eigelb
30 g Zucker
75 g Kuvertüre
250 g geschlagene Sahne
FÜR DIE KAKISAUCE:
2 Kaki
FÜR DIE ROTWEINSAUCE:
$^{1}/_{2}$ l kräftiger Rotwein
50 g Zucker
etwas Orangen- und Zitronenschale
10 Nelken
2–3 Sternanis
1 EL Honig
ZUM GARNIEREN:
Minze
Kakaopulver

Die Gelatine in kaltem Wasser einweichen. Lebkuchen in kleine Stücke schneiden und mit der Hälfte des Kirschwassers tränken. Eigelb, Eier und Zucker im Wasserbad lauwarm schlagen. Mit dem Handrührgerät cremig rühren. Die Kuvertüre im Wasserbad schmelzen. Die ausgedrückte Gelatine in der anderen Hälfte des Kirschwassers auf kleiner Hitze auflösen. Zur Eiermasse geben. Die flüssige Schokolade und die zerkleinerten Lebkuchen mit dem Lebkuchengewürz untermischen. Die Hälfte der geschlagenen Sahne unterziehen, dann den Rest vorsichtig unterheben. Die Mousse ungefähr drei Stunden kalt stellen.
Von den Kaki die Haut entfernen, die Früchte in einem Tuch ausdrücken und pürieren. Rotwein mit Zucker, Orangen- und Zitronenschale, Nelken und Sternanis bis auf die Hälfte einkochen lassen. Durch ein Sieb gießen und den Honig einrühren.
Die Kakisauce und die Rotweinsauce auf die Teller geben. Aus der Mousse Nocken formen und auf die Saucen setzen. Mit Kakaopulver bestäuben und mit Minze garnieren.

Gefüllte Weintrauben mit Sauvignon-Mousse

2 Eier
1 Eigelb
45 g Zucker
1 EL Rum
$^{1}/_{8}$ l Sauvignon blanc
50 g weiße Schokolade
2 Blatt Gelatine
250 g geschlagene Sahne
25 große Weintrauben
FÜR DIE HIPPENMASSE:
20 g Mehl
20 g flüssige Butter
20 g Eiweiß
20 g Staubzucker
ZUM GARNIEREN
Kakaopulver
Minze

Den Sauvignon auf die Hälfte einkochen lassen, die eingeweichte und gut ausgedrückte Gelatine einrühren. Eier und Eigelb mit Zucker verrühren. Im Wasserbad schaumig aufschlagen. Vom Herd nehmen und mit dem Handmixer so lange rühren, bis die Masse eine cremige Konsistenz hat. Die Schokolade im Wasserbad schmelzen, unter die Eiermasse rühren. Den Sauvignon dazugeben. Die geschlagene Sahne unterheben und drei Stunden kalt stellen.
Für die Hippen Mehl mit Staubzucker, Eiweiß und flüssiger Butter verrühren. Eine halbe Stunde kalt stellen. Mit der Hippenmasse auf ein gefettetes Backpapier 2 x 15 cm breite Streifen aufstreichen. Im Backofen bei 180 °C goldgelb backen, herausnehmen und sofort um einen Kochlöffelstiel wickeln.
Die Trauben halbieren und die Kerne entfernen. Die Mousse in einen Spritzbeutel mit Sterntülle füllen und auf jeden Teller ein Dreieck aufspritzen. Darauf die mit der Mousse gefüllten Trauben arrangieren. Mit Kakaopulver bestäuben und mit der Hippenrolle sowie der Minze garnieren.

Lebkuchenmousse mit Kaki- und Rotweinsauce
Gefüllte Weintrauben mit Sauvignon-Mousse

Weichselkirschkompott mit Apfelcreme und Nusskrokantblättern

FÜR DAS WEICHSELKIRSCHKOMPOTT:
400 g Weichselkirschen (Sauerkirschen)
1/4 l Rotwein
150 g Zucker
10 Nelken
etwas Orangenschale
FÜR DIE APFELCREME:
2 Äpfel
50 g Zucker
1/2 l Wasser
70 g weiße Schokolade
1 Prise Zimt
2 EL Calvados oder Rum
2 Blatt Gelatine
200 g geschlagene Sahne
FÜR DIE KROKANTBLÄTTER:
75 g brauner Zucker
75 ml Wasser
75 g gehackte Walnüsse
75 g Zucker
50 g Mehl
75 g Butter
etwas Butterschmalz oder Öl
ZUM GARNIEREN:
Minze

Den Rotwein mit Zucker, Nelken und Orangenschale aufkochen. Die entsteinten Kirschen dazugeben, einmal gut aufkochen lassen. Die Kirschen herausnehmen und den Saft so lange einkochen lassen, bis er eine cremige Konsistenz hat. Kirschen in die Sauce zurückgeben.
Für die Apfelcreme die Äpfel in kleine Würfel schneiden. Wasser mit Zucker aufkochen, die Äpfel darin weich kochen. Herausnehmen und pürieren. Die eingeweichte und gut ausgedrückte Gelatine im lauwarmen Calvados oder Rum auflösen und gut mit den pürierten Äpfeln verrühren. Die Schokolade im Wasserbad schmelzen und unter die Apfelcreme ziehen. Den Zimt und die geschlagene Sahne unterheben und ungefähr drei Stunden kalt stellen.
Für die Krokantblätter den braunen Zucker mit Wasser aufkochen, leicht abkühlen lassen. Butter zerlassen und gut mit dem Zuckersirup und den restlichen Zutaten verrühren. Für eine halbe Stunde in den Kühlschrank stellen. Backpapier mit Butterschmalz einfetten. Mit der Krokantmasse ca. 8 cm große Kreise aufstreichen und im Backofen bei 180 °C 6–8 Minuten goldgelb backen.
Das Kirschkompott auf Teller geben. Die Apfelcreme mit dem Spritzbeutel auf die Krokantblätter spritzen und vorsichtig übereinander schichten. Auf dem Kompott anrichten und mit Minze garnieren.

Weintraubenkompott mit Zimtzabaione

FÜR DAS WEINTRAUBENKOMPOTT:

500 g Weintrauben
1/4 l Wasser oder Apfelsaft
150 g Zucker

FÜR DEN ZABAIONE:

2 Eier
1 Eigelb
100 g Zucker
1 Messerspitze Zimt
1 Päckchen Vanillezucker
3 EL Rum
1/8 l Weißwein

Das Wasser oder den Apfelsaft mit Zucker aufkochen. Die Weintrauben dazugeben und kurz aufkochen, herausnehmen. Den Saft einkochen, bis er eine cremige Konsistenz hat. Die Weintrauben auf vier Gläser verteilen, den Saft darübergießen.
Eigelb und Eier mit Zucker, Vanillezucker, Zimt, Rum und Weißwein im heißen Wasserbad aufschlagen, sodass eine dickflüssige Creme entsteht. Den Zabaione über die Trauben geben und sofort servieren.

Nektarinensorbet

2 Nektarinen (ca. 300 g)
1 l Wasser
250 g Zucker
2 cl Kirschwasser oder Rum

Nektarinen in kleine Stücke schneiden. Wasser und Zucker aufkochen, die Nektarinen dazugeben und weich kochen. Mit dem Stabmixer pürieren und durch ein feines Sieb passieren, mit Kirschwasser oder Rum abschmecken. Ins Gefrierfach stellen, bis das Nektarinenmus gefroren ist, mehrmals durchrühren.

TIPP

Einfacher lässt sich das Sorbet in der Eismaschine herstellen. Damit es eine schöne rosa Farbe bekommt, werden die Nektarinen nicht geschält.

Topfenknödel mit Zwetschgenkompott

FÜR DIE TOPFENKNÖDEL:

250 g Topfen (Quark)
50 g Mehl
4 Scheiben Toastbrot, ohne Rinde
4 Eigelb
Salz
50 g Zucker
Schale einer unbehandelten Zitrone und Orange

FÜR DAS ZWETSCHGENKOMPOTT:

300 g Zwetschgen
100 g Zucker
50 g Butter
Saft einer Zitrone
1/8 l Weißwein
1 TL Zucker
1 Prise Salz

ZUM ANRICHTEN:

1 Messerspitze Zimt
1/2 EL Zucker
Minze
30 g Butter
3 EL Semmelbrösel

Für die Topfenknödel das Toastbrot in kleine Würfel schneiden. Den Topfen mit Salz, Zucker, Zitronen- und Orangenschale glatt rühren. Toastbrot und Eigelb dazugeben und untermischen. Das Mehl schnell unterrühren und den Teig kalt stellen.
Für das Zwetschgenkompott Zucker und Butter in einem Topf schmelzen, die halbierten Zwetschgen dazugeben, mit Weißwein und Zitronensaft ablöschen, einmal gut aufkochen und beiseite stellen.
2 l Wasser mit einer Prise Salz und 1 Teelöffel Zucker aufkochen, aus der Topfenmasse Knödel formen und im kochenden Wasser 10–12 Minuten köcheln lassen.
Die Butter zerlassen, Brösel, Zucker und Zimt einrühren. Das Kompott auf Teller verteilen, die Knödel draufsetzen, mit Brösel bestreuen und mit Minze garnieren.

TIPP

Servieren Sie die Topfenknödel z. B. mit Erdbeeren oder Marillen, aber auch Äpfel, Birnen oder Waldfrüchte passen gut dazu.

WEINTIPP

Rosenmuskateller Cornell, Kellerei Schreckbichl
Ein verführerisches und schmeichlerisches Bukett mit intensivem Aroma von Rosenblättern.

Apfelsuppe mit Grießknödeln

FÜR DIE GRIESSKNÖDEL:
1/4 l Milch
1/4 l Sahne
125 g Grieß
1 Prise Salz
1 Päckchen Vanillezucker
30 g Zucker
Zitronenschale
3 Eigelb
FÜR DIE APFELSUPPE:
4 große Äpfel (Royal Gala oder Jonagold)
1 l Wasser
100 g Honig
1 Zimtstange
6 Nelken
etwas Schale von einer ungespritzten Zitrone und Orange
50 g Sauerrahm
200 g Naturjoghurt (davon 2 EL zum Garnieren)
ZUM GARNIEREN:
einige Himbeeren
Minze

Für die Grießknödel Milch und Sahne aufkochen, eine Prise Salz, Vanillezucker, Zitronenschale und Zucker dazugeben, dann den Grieß einrühren. Die Temperatur etwas herunterschalten und den Grieß unter Rühren ca. 5–8 Minuten kochen (und zwar so lange, bis er sich vom Topf löst). Vom Herd nehmen, fünf Minuten abkühlen lassen, dann die drei Eigelb einzeln unterrühren. Aus der Masse kleine Knödel formen und eine halbe Stunde kalt stellen. Die Knödel in gezuckertem Wasser 5–6 Minuten kochen lassen.
Die Äpfel vierteln, das Kernhaus herausschneiden. Wasser zum Kochen bringen. Zimtstange, Nelken, Orangen- und Zitronenschale dazugeben. Die Äpfel darin weich kochen, durch ein Sieb passieren und anschließend mit Honig im Mixer aufmixen. Etwas abkühlen lassen, dann Sauerrahm und Naturjoghurt unterziehen.
Die Apfelsuppe auf Teller verteilen, die Knödel dazugeben, mit Himbeeren, Joghurttupfen und Minze garnieren.

WEINTIPP
Apfelcidre, Franz Egger, Salurn
Gravensteiner pur von der Schale bis zum Kern: sehr dezente Säure und vor allem keine Restsüße. Cidre aus kontrolliert biologischem Anbau.

Zwetschgenknödel

500 g Kartoffeln
40 g Butter
25 g Weizengrieß
1 Ei
1 Eigelb
Salz
125 g Mehl
ca. 10 Zwetschgen
80 g Butter
80 g Semmelbrösel
1 EL Zucker
1 TL Zimt

Die Kartoffeln mit der Schale ca. 45 Minuten kochen. Etwas ausdampfen lassen und noch heiß schälen und durch die Kartoffelpresse drücken. Abkühlen lassen und dann mit Butter, Grieß, Salz, Ei und Eigelb vermischen, Mehl darübersieben und alles zu einem glatten Teig verarbeiten. Etwas Teig mit der Hand flachdrücken, eine entsteinte Zwetschge drauflegen, mit dem Teig umhüllen und zu einem Knödel formen. In kochendem Salzwasser zehn Minuten köcheln lassen. Die Butter zerlassen, Semmelbrösel darin bräunen und mit Zimt und Zucker vermengen. Die Knödel gut abtropfen lassen und in der Bröselmischung wälzen.

TIPP
Sie können die Zwetschgenknödel auch mit einem Topfenteig zubereiten. Hierfür 100 g Butter mit 2 Eigelb schaumig rühren. Mit Vanillezucker, geriebener Zitronenschale, 150 g Mehl und 250 g Topfen (Quark) verrühren. Die Zwetschgen mit dem Teig umhüllen und in kochendem Wasser ca. zehn Minuten kochen. Danach in der Bröselmischung wälzen. Dieser Topfenteig eignet sich auch sehr gut für die Zubereitung von Erdbeerknödeln.

WEINTIPP
Südtiroler Moscato Rosa, Castel Sallegg
Rosenmuskateller mit feinen Aromen von Zimt und Rosenblättern; ausgeglichene Säure und voller Abgang; unglaubliches Alterungspotenzial.

Topfenstrudel mit karamellisierten Birnen

300 g Blätterteig (frisch oder tiefgekühlt)
500 g Topfen (Quark)
30 g Butter
Schale von einer halben unbehandelten Orange und Zitrone
1 Päckchen Vanillezucker
4 Eigelb
120 g Zucker
1 EL Weizen- oder Maisstärke
30 g Sultaninen
1 EL Rum
50 g Semmel- oder Biskuitbrösel
1 Ei (zum Bestreichen)
FÜR DIE BIRNEN:
2 Birnen (Williams, Packham oder Rocha)
100 g Zucker
1/4 l Weißwein
20 g gehackte Haselnüsse

Den Topfen mit flüssiger Butter, Zitronen- und Orangenschale sowie Vanillezucker glatt rühren. Eigelb mit Zucker schaumig schlagen und zur Topfenmasse geben. Die Sultaninen mit dem Rum leicht erwärmen und dazugeben. Weizenstärke unterheben. Den Blätterteig auf einer bemehlten Fläche ausrollen, mit Bröseln bestreuen und mit der Topfenmasse bestreichen. Den Strudel nicht zu eng aufrollen und auf das mit Backpapier ausgelegte Backblech legen. Mit verquirltem Ei bestreichen und im vorgeheizten Backofen bei 180 °C 35–40 Minuten backen.
Die Birnen achteln und das Kernhaus entfernen. Den Zucker in einem schweren Topf goldgelb karamellisieren lassen. Die Birnen dazugeben, kurz mitdünsten, mit Weißwein ablöschen und etwas einkochen lassen.
Den Strudel aus dem Backofen nehmen, etwas auskühlen lassen, in Portionsstücke schneiden und mit den Birnen anrichten. Mit gehackten Haselnüssen bestreuen.

TIPP

In die Topfenmasse kann man Kirschen oder Marillen geben, aber auch Äpfel oder Birnen, die man vorher 2–3 Minuten in Zuckerwasser (100 g Zucker auf 100 ml Wasser) gekocht hat.

WEINTIPP

St. Valentin-Comtess, Kellerei St. Michael-Eppan
Eine Cuvée aus Gewürztraminer und Sauvignon, ein sehr edler und eleganter Dessertwein. Kellermeister Hans Terzer war in Südtirol einer der Ersten, der Dessertweine gekeltert hat.

Cremeschnitte mit Pistazieneis und Erdbeeren

FÜR DIE CREMESCHNITTE:
350 g Blätterteig (frisch oder tiefgekühlt)
4 Blatt Gelatine
100 g Zucker
3 Eigelb
1 Vanillestange
etwas abgeriebene Zitronenschale
$1/4$ l Milch
1 Prise Salz
250 g Sahne
2 EL Rum
FÜR DAS PISTAZIENEIS:
400 ml Milch
200 g Sahne
120 g Zucker
4 Eigelb
100 g gehackte Pistazien
ZUM ANRICHTEN:
250 g Erdbeeren
2 EL gehackte Pistazien

Backblech mit Backpapier auslegen. Den Blätterteig ausrollen (so groß wie das Backblech), mit der Gabel den Teig einstechen und eine halbe Stunde kalt stellen. Im Backofen bei 200 °C ca. 15 Minuten backen. Herausnehmen und erkalten lassen.
Für die Creme Gelatine in kaltem Wasser einweichen. Zucker mit Eigelb, dem ausgekratzten Vanillemark und der Zitronenschale verrühren. Milch mit Salz aufkochen und den Topf ins heiße Wasserbad stellen. Die Eigelbmasse in die Milch einrühren und zur Rose abziehen, das heißt, die Masse unter Rühren eindicken. (Tauchen Sie zur Probe einen Kochlöffel in die Creme. Beim Draufblasen muss sich eine Art Rose bilden.) Vom Herd nehmen und durch ein Sieb geben. Die eingeweichte und gut ausgedrückte Gelatine im erhitzten Rum auflösen und unter die Creme rühren. Die Creme auf Eiswasser (bzw. sehr kaltem Leitungswasser) kalt schlagen. Die geschlagene Sahne unterheben. Kalt stellen.
Blätterteig der Länge nach halbieren. Alufolie um die eine Blätterteighälfte legen, sodass ein 5–6 cm hoher, fester Rand entsteht. Die Creme auf die Blätterteigplatte geben und mit der zweiten Platte abdecken. Mindestens drei Stunden kalt stellen.
Für das Eis die Milch mit der Sahne aufkochen, Eigelb mit Zucker glatt rühren. Die Eiermasse in die heiße Milch einrühren und zur Rose abziehen (wie für die Creme). Vom Herd nehmen, durch ein Sieb gießen und die Pistazien unterheben. In die Eismaschine geben oder für 3–4 Stunden ins Gefrierfach stellen, in dieser Zeit 3–4-mal durchrühren.
Die Erdbeeren in Stifte schneiden und mit Zucker bestreuen. Die Cremeschnitte rautenförmig schneiden und zusammen mit einer Kugel Pistazieneis, den Erdbeeren und den gehackten Pistazien anrichten.

TIPP

Man kann zur Cremeschnitte auch ein gekauftes Pistazien- oder Vanilleeis servieren.

Prodotto ed imbottigliato dalle
Distillerie RONER SRL
Tramin - Termeno (BZ)
Grappa
Cabernet
0,1 ltr.
43% Vol.

Prodotto ed imbottigliato dalle
Distillerie RONER SRL.
Tramin - Termeno (BZ)
Grappa
Cabernet
0,1 ltr.
43% Vol.
Serie M
N° 089

Apfel-Zimt-Terrine im Biskuitmantel mit Schwarzbeeren

FÜR DEN BISKUITMANTEL:
3 Eier
2 Eigelb
125 g Zucker
1 Prise Salz
1 Päckchen Vanillezucker
100 g Weizenmehl
30 g Stärkemehl
150 g Erdbeermarmelade
FÜR DIE APFEL-ZIMT-CREME:
3 Äpfel
1 EL Zucker
Saft einer halben Zitrone
$^1/_8$ l Weißwein
3 Eigelb
75 g Zucker
50 g weiße Schokolade
3 Blatt Gelatine
4 EL Calvados
1 TL Zimt
300 g geschlagene Sahne
ZUM ANRICHTEN:
300 g Schwarzbeeren
1 EL Honig
etwas Minze

Für den Biskuitmantel Eier und Eigelb mit Zucker und einer Prise Salz im Wasserbad schaumig aufschlagen. Mehl und Stärkemehl auf Backpapier sieben. Den Backofen auf 200 °C vorheizen. Das gesiebte Mehl mit dem Schneebesen vorsichtig unter die Eiermasse heben.
Den Teig gleichmäßig auf dem mit Backpapier ausgelegten Backblech verteilen und ca. 6–8 Minuten goldgelb backen. Den Biskuit aus dem Ofen nehmen, auf ein Tuch stürzen, etwas abkühlen lassen und dann das Backpapier entfernen. Der Länge nach in drei Teile schneiden, alle Teile mit passierter Erdbeermarmelade bestreichen und übereinander legen. Mit einem Tablett beschweren und für eine Stunde kalt stellen. Danach der Länge nach in 1 cm lange Streifen schneiden. Eine halbrunde Terrinenform (ersatzweise eine längliche Kuchenform) mit Frischhaltefolie auskleiden und mit den Biskuitstreifen auslegen.
Für die Apfel-Zimt-Creme die Äpfel in kleine Würfel schneiden. Zucker in einem schweren Topf karamellisieren lassen, die Äpfel dazugeben und mit Zitronensaft und Weißwein ablöschen. Die Flüssigkeit einkochen lassen. Die in kaltem Wasser eingeweichte und gut ausgedrückte Gelatine in Calvados auflösen. Eigelb mit Zucker im Wasserbad dick aufschlagen, anschließend auf Eiswasser kalt schlagen. Die Schokolade im Wasserbad schmelzen. Gelatine, Äpfel, Zimt und die abgekühlte Schokolade unter die Eiermasse rühren, die geschlagene Sahne unterheben. Die Creme in die Terrinenform füllen, mit Frischhaltefolie abdecken und drei Stunden kalt stellen.
Die Terrine stürzen, schräg in dicke Scheiben schneiden und zusammen mit den mit Honig beträufelten Schwarzbeeren auf Tellern anrichten. Mit Minze garnieren.

Apfelkiechl mit Vanillesauce

2–3 Äpfel (Royal Gala oder Boskop)
FÜR DEN AUSBACKTEIG:
100 g Mehl
100 ml Milch
3 Eigelb
2 Eiweiß
Salz
einen Schuss Grappa oder Obstler
1/2 l Öl
FÜR DIE VANILLESAUCE:
200 ml Milch
40 g Zucker
2 Eigelb
5 g Weizen- oder Maisstärke
1/2 Vanilleschote oder 1 Päckchen Vanillezucker
etwas geriebene Zitronenschale
ZUM GARNIEREN:
2 EL Zucker
1/2 TL Zimt

Für die Vanillesauce 150 ml Milch in einen Topf geben und salzen. Die Vanilleschote der Länge nach aufschlitzen, das Mark herauskratzen und zusammen mit etwas geriebener Zitronenschale zur Milch geben. Den Rest der Milch mit Stärke, Eigelb und Zucker verrühren.
Die Vanillemilch aufkochen. Die Eigelb-Stärke-Masse in einen Topf geben und ins heiße Wasserbad stellen. Sofort die heiße Vanillemilch einrühren und so lange weiterrühren, bis sie langsam anfängt zu binden. Die Vanillesauce durch ein Sieb gießen und beiseite stellen.
Für den Ausbackteig das gesiebte Mehl mit Milch und Salz glatt rühren, Eigelb und Grappa unterrühren. Eiweiß zu steifem Schnee schlagen und unter die Masse heben. Die geschälten Äpfel in 0,5 cm dicke Scheiben schneiden. Das Kernhaus ausstechen und die Apfelscheiben durch den Teig ziehen. In heißem Öl ausbacken. Zimt und Zucker miteinander vermischen und die gebackenen Äpfel damit bestreuen. Auf Tellern anrichten und mit Vanillesauce umgießen.

WEINTIPP
Cashmere, Elena Walch, Castel Ringberg & Kastelaz
Ein Passito Cuvée aus Gewürztraminer und etwas Sauvignon mit leichter Potritisnote und frischer Säure.

Haselnussbuchteln mit Vanillesauce

FÜR DIE BUCHTELN:
500 g Mehl
Salz
28 g Germ (Hefe)
etwa 1/8 l Milch
70 g Butter
70 g Zucker
Schale von einer halben Zitrone
2 Eier
100 g zerlassene Butter
FÜR DIE NUSSFÜLLUNG:
100 g gemahlene Haselnüsse
100 g gehackte Walnüsse
1/4 l lauwarme Milch
50 g Zucker
2 EL Honig
1/2 TL Zimt
2 EL Rum
Vanillesauce (siehe Seite 159)

Das Mehl in eine Schüssel sieben, salzen, eine Mulde hineindrücken. Germ zerbröckeln, in die Mulde geben, die lauwarme Milch dazugeben und mit den Fingern vermengen. Mit etwas Zucker und Mehl bestäuben und mit einem Tuch abgedeckt an einem warmen Ort gehen lassen. Die zerlassene Butter mit Zucker, geriebener Zitronenschale und den Eiern verrühren und zum Teig geben. So lange kneten, bis er sich vom Rand löst. Wieder zudecken und erneut gehen lassen.
Für die Nussfüllung Milch und Zucker aufkochen, die Nüsse dazugeben. Cremig einkochen lassen, dabei öfter umrühren. Vom Herd nehmen und mit Zimt, Honig und Rum verfeinern. Den Teig auf einer bemehlten Fläche 2 cm dick ausrollen und in Quadrate schneiden. Auf jedes Quadrat einen Teelöffel Nussfüllung geben, die Ecken übereinander schlagen, mit zerlassener Butter bestreichen und mit der glatten Seite nach oben in eine gebutterte Auflaufform setzen. Mit einem Tuch zudecken und noch einmal gehen lassen, und zwar bis sich das Volumen der Buchteln nahezu verdoppelt hat. Die Buchteln noch einmal mit zerlassener Butter bestreichen und im Ofen bei 180 °C 30–45 Minuten backen. Während der Backzeit nochmals mit Butter bestreichen. Wenn die Oberfläche schön hellbraun ist, sind die Buchteln fertig. Die Buchteln zusammen mit der Vanillesauce servieren.

TIPP

Die Nussfüllung kann mit Biskuitbröseln gestreckt werden.

Kaiserschmarren

$^1/_2$ l Milch
50 g Sahne
1 Päckchen Vanillezucker
1 EL Zucker
200 g Weizenmehl
Schale einer halben unbehandelten Zitrone
1 Prise Salz
2 Eier
2 Eigelb
2 Eiweiß
1 EL Sultaninen
etwas Sonnenblumenöl
Zucker
2 EL Butter
Staubzucker
Preiselbeermarmelade oder Apfelkompott

Milch und Sahne mit Vanillezucker, Zucker, Zitronenschale und Mehl glatt rühren. Eigelb, Eier und Sultaninen dazugeben. Eiweiß mit einer Prise Salz steif schlagen und unter die Masse heben. Eine beschichtete Pfanne mit etwas Öl erhitzen, den Teig dazugeben und auf beiden Seiten goldgelb backen. Mit zwei Kochlöffeln in kleine Stücke reißen, etwas Zucker und Butter dazugeben und anrichten. Mit Staubzucker bestäuben und mit Preiselbeermarmelade oder Apfelkompott servieren.

TIPP

Sie können auch blättrig geschnittene Äpfel oder entsteinte Kirschen zum Teig geben.

WEINTIPP

Rosenmuskateller, Heinrich Plattner, Ansitz Waldgries
Einzigartiger Dessertwein mit angenehmer Restsüße und dem Aroma von Rosenblättern.

Vollkornomelett mit Schwarzbeeren

FÜR DIE OMELETTEN:
100 g Weizenmehl
50 g Weizenvollkornmehl
1 Prise Salz
1 TL Zucker
400 ml Milch
3 Eier
50 g geklärte Butter oder Sonnenblumenöl
FÜR DIE SCHWARZBEEREN:
400 g Schwarzbeeren
100 g Zucker
2 EL Schnaps oder Rum
ZUM GARNIEREN:
Staubzucker

Für den Teig die beiden Mehlsorten mit Salz und Zucker vermischen, mit der Milch glatt rühren. Die Eier dazugeben und alles ca. 30 Minuten ruhen lassen. Eine Pfanne mit geklärter Butter oder Öl einfetten, den Teig portionsweise in die Pfanne gießen und dünne Omeletten backen.
Den Zucker in einem Topf schmelzen, die Schwarzbeeren dazugeben und unter ständigem Rühren 5–6 Minuten kochen. Vom Herd nehmen und den Schnaps oder Rum unterrühren. Die Schwarzbeeren auf Teller verteilen und die Omeletten darauf arrangieren. Mit Staubzucker bestäuben.

TIPP

Man kann aus den Omeletten kleine Kreise ausstechen und mit Schwarzbeeren füllen.

Kaiserschmarren
Vollkornomelett mit Schwarzbeeren

Gefüllter Bratapfel mit kalter Vanille-Joghurt-Sauce

4 Äpfel (Jonagold oder Royal Gala)
150 g Topfen (Quark)
20 g gehackte Nüsse
50 g Zucker
1 Eigelb
$^1/_2$ Vanilleschote
$^1/_2$ l Weißwein
50 g Zucker
250 g Naturjoghurt
50 g Honig
1 Päckchen Vanillezucker
etwas Orangen- und Zitronenschale
20 Trockenpflaumen, entsteint
$^1/_4$ l Wasser
30 g Zucker
ZUM GARNIEREN:
Minze
Ribislgelee (Rotes Johannisbeergelee)

Von den Äpfeln einen Deckel abschneiden und das Fruchtfleisch mit einem Löffel oder einem Kugel ausstecher etwas aushöhlen. Die Vanilleschote aufschlitzen, das Mark auskratzen und zusammen mit Topfen, Nüssen, Eigelb und Zucker glatt rühren. Die Masse in die Äpfel füllen. Die Bratäpfel in eine feuerfeste Form setzen. Weißwein angießen, Zucker und Vanilleschote dazugeben und im Ofen bei 170 °C 30–35 Minuten backen. Joghurt mit Honig und Vanillezucker verrühren, mit etwas geriebener Orangen- und Zitronenschale abschmecken.
Für die Pflaumen Wasser mit Zucker aufkochen, die Pflaumen dazugeben und noch einmal aufkochen. Durch ein Sieb gießen.
Die Joghurtsauce auf die Teller verteilen, die Äpfel in die Mitte setzen, mit etwas glatt gerührtem Ribislgelee beträufeln. Mit den Pflaumen und der Minze garnieren.

TIPP

Wenn die Pflaumen schön saftig sind, braucht man sie nicht in Zuckerwasser aufzukochen.

Torten

Sachertorte

300 g zimmerwarme Butter
300 g Zucker
8 Eigelb
8 Eiweiß
120 g Kuvertüre (Bitterschokolade)
1 Päckchen Vanillezucker
etwas Zitronenschale
3 EL Rum
80 g Mehl
1 TL Backpulver
120 g gemahlene Haselnüsse
1 Glas Marillenmarmelade
FÜR DIE GLASUR:
200 g Schokolade mit 60 % Fettgehalt
150 ml Wasser
100 g Zucker

Kuvertüre im Wasserbad schmelzen. Die Butter mit 200 g Zucker, Vanillezucker und Zitronenschale schaumig rühren. Nach und nach Eigelb einrühren. Eiweiß mit dem restlichen Zucker zu steifem Schnee schlagen. Die geschmolzene Kuvertüre und den Rum unter die Eiermasse rühren. Das Mehl mit dem Backpulver mischen und abwechselnd mit den Nüssen und dem Eischnee vorsichtig unter die Teigmasse heben. Den Teig in eine gebutterte Form geben und im Backofen bei 180 °C 50–60 Minuten backen. Die Torte aus dem Ofen nehmen und auskühlen lassen. In der Mitte durchschneiden und mit Marillenmarmelade füllen, wieder zusammensetzen. Für die Glasur das Wasser und den Zucker auf die Hälfte einkochen, vom Herd nehmen und auf 40–45 °C abkühlen lassen. Die Schokolade klein hacken und unterrühren. Die Torte außen mit verdünnter und durch ein Sieb passierter Marillenmarmelade bestreichen (aprikotieren). Mit der Glasur überziehen.

WEINTIPP

Terminum – Südtiroler Gewürztraminer Passito, Kellereigenossenschaft Tramin
Ein kräftiger und edler Tropfen, der ausgezeichnet zu Schokolade passt.

Kastanientorte

250 g zimmerwarme Butter
250 g Zucker
9 Eigelb
9 Eiweiß
1 kg Kastanienpüree (siehe Seite 135)
150 g ungeschälte Mandeln, gemahlen
ZUM GARNIEREN:
50 g Mandelblättchen
500 g Schlagsahne
2 EL Zucker
2 EL Kakaopulver
Schokoladensauce (Fertigprodukt)

Die Butter mit der Hälfte des Zuckers schaumig schlagen. Eigelb nach und nach unterrühren und so lange weiterrühren, bis die Masse schön dick ist. Eiweiß mit der anderen Hälfte des Zuckers steif schlagen. Drei Viertel des Kastanienpürees, die Hälfte des Eischnees und die gemahlenen Mandeln unter die Eiermasse rühren. Den restlichen Eischnee locker unterheben. Den Teig in eine gebutterte und mit Mehl bestäubte Tortenform füllen und im Ofen bei 180 °C 45 Minuten backen. Aus dem Ofen nehmen und auskühlen lassen. Die Sahne mit dem Zucker steif schlagen und das Kakaopulver unterziehen. Die Torte mit der Kakaosahne einstreichen, mit dem Spritzbeutel kleine Rosen aufspritzen und mit der Schokoladensauce ein Muster ziehen. Das restliche Kastanienpüree mit einer Kartoffelpresse mitten auf die Torte drücken. Den Rand mit Mandelblättchen verzieren.

Kastanienherzen (Rezept Seite 135)

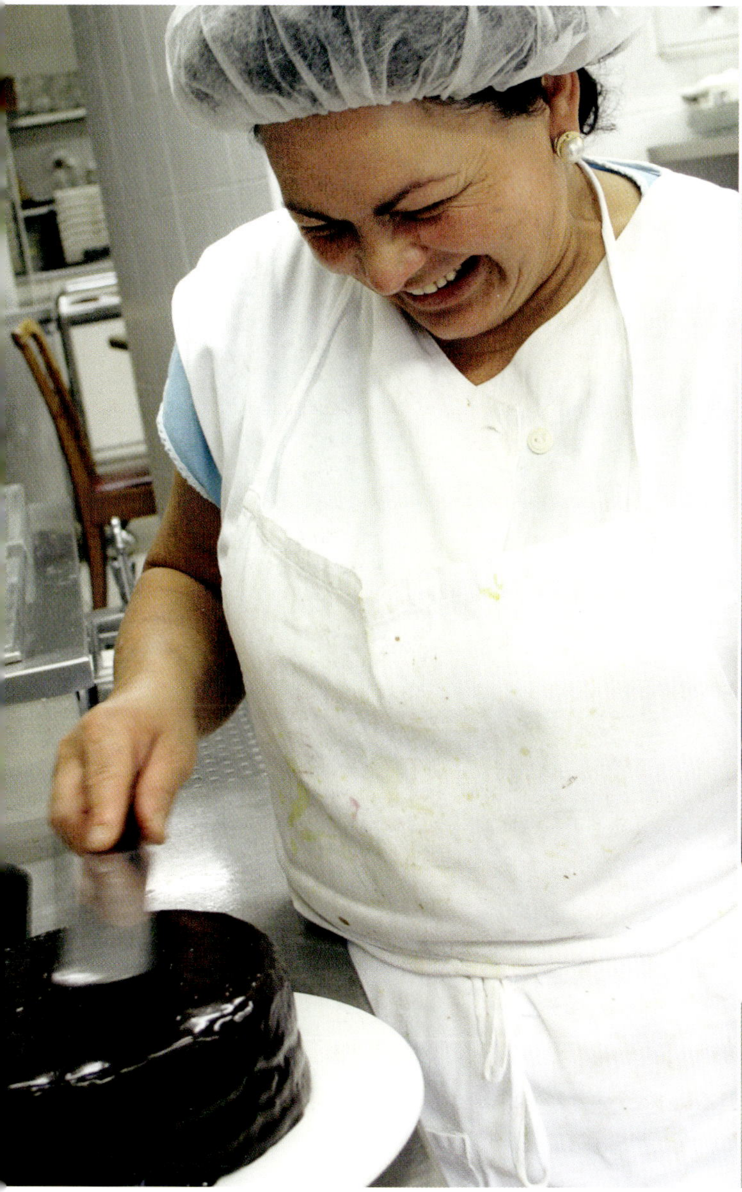

Mohn-Nuss-Torte

6 Eigelb
6 Eiweiß
180 g zimmerwarme Butter
180 g Zucker
180 g gemahlener Mohn
180 g gemahlene Haselnüsse
250 g geschlagene Sahne

Die zimmerwarme Butter mit der Hälfte des Zuckers schaumig rühren. Eigelb nach und nach einrühren. Das Eiweiß mit dem restlichen Zucker zu steifem Schnee schlagen. Mohn, Nüsse und Eischnee abwechselnd unter die Eiermasse heben. Den Teig in eine gebutterte Kuchenform geben und im Backofen bei 180 °C ca. 50 Minuten backen. Die Torte auskühlen lassen und mit geschlagener Sahne servieren.

TIPP

Sie können die Torte auch mit Schokoladenguss überziehen.

Apfelstrudel

FÜR DEN ZIEHTEIG:
125 g Mehl
1 EL Sonnenblumenöl
1 kleines Ei (ca. 50 g)
1 Prise Salz
5–6 EL lauwarmes Wasser
FÜR DIE FÜLLUNG:
5–6 Äpfel (Royal Gala oder Boskop)
Saft einer halben Zitrone
3 EL Rum
100 g Zucker
1–2 EL Sultaninen
40 g Pignoli (Pinienkerne)
$^1/_2$ TL Zimt
80 g Semmelbrösel
AUSSERDEM:
50 g zerlassene Butter zum Bestreichen

Das Mehl mit dem Ei, Salz, einem Esslöffel Öl und etwas Wasser zu einem geschmeidigen Teig verkneten. Mit Öl bestreichen und 30 Minuten kalt stellen. Die Äpfel in dünne Scheiben schneiden, mit Rum, Zimt, Sultaninen, Zitronensaft, Zucker und Pignoli vermischen. Den Teig vor der Weiterverarbeitung eine halbe Stunde bei Zimmertemperatur stehen lassen, dann auf einem bemehlten Tuch ausrollen, mit den Handrücken darunter fassen und dünn (durchsichtig) ausziehen. Die dicken Ränder abschneiden. Den Teig mit flüssiger Butter bestreichen und mit Semmelbrösel bestreuen. Die Äpfel darauf verteilen, den Teig mit Hilfe des Tuches aufrollen, die Enden umklappen. Mit zerlassener Butter bestreichen und im Backofen bei 170 °C 40–45 Minuten backen.

TIPP

Anstatt des Ziehteigs können Sie einen fertigen Blätterteig (ca. 250 g) verwenden.

WEINTIPP

Gewürztraminer Spätlese, Weingut J. Hofstätter
Eine wuchtige Spätlese mit viel Extrakt.

Zelten

ZUTATEN FÜR CA. 8 LAIBE (À 500 G):

1 kg getrocknete Feigen
$^{1}/_{2}$ l Rotwein
150 g Zucker
10 Nelken
$^{1}/_{2}$ Zimtstange
250 g Walnüsse
250 g Sultaninen
250 g Orangeat und Zitronat, klein gewürfelt
120 g ganze Mandeln, geschält
150 g Pignoli (Pinienkerne)
4 EL Rum
1 kg Brotteig (vom Bäcker, bestehend aus Roggen- und Weizenmehl)

ZUM GARNIEREN:

32 Mandeln, geschält
24 kandierte Kirschen
16 Walnusshälften
100 g Zucker
100g Wasser
1 Tasse Espresso

Die Feigen in Streifen schneiden. Rotwein mit Zucker, Nelken und Zimtstange aufkochen, durch ein Sieb gießen und die Feigen in der Flüssigkeit über Nacht ziehen lassen. Am nächsten Tag die restlichen Zutaten mit den Feigen vermischen und mit dem Brotteig verkneten.
Aus dem Zeltenteig kleine Laibe formen. Auf Backpapier legen und mit Nüssen und Mandeln dekorieren. Im Backofen bei 180 °C ca. 30 Minuten backen. Herausnehmen und mit den kandierten Kirschen garnieren. Wasser und Zucker aufkochen, den Espresso einrühren und damit die Zelten bepinseln. Vollständig auskühlen lassen und in Frischhaltefolie verpacken. Der Zelten hält sich etwa zwei Monate.

Buchweizentorte mit Ribislkompott

250 g zimmerwarme Butter
250 g Zucker
4 Eigelb
4 Eiweiß
4 Eier
250 g Buchweizenmehl, grob gemahlen
2–3 Äpfel
125 g gemahlene Haselnüsse
125 g gemahlene Walnüsse
2 EL Rum
100 g Preiselbeermarmelade
Ribislkompott aus dem Glas (Rotes Johannisbeerkompott)

Die weiche Butter mit 200 g Zucker schaumig rühren. Nach und nach Eier und Eigelb unterrühren. Die Äpfel in kleine Würfel schneiden oder grob reiben und zusammen mit dem Rum zur Eiermasse geben. Das Eiweiß mit dem restlichen Zucker zu steifem Schnee schlagen. Buchweizenmehl und Nüsse miteinander vermischen. Den Eischnee und die Nussmischung abwechselnd unter die Eiermasse heben. Die Masse in eine gebutterte Form geben und bei 175 °C ca. 60 Minuten im Backofen backen. Die Torte abkühlen lassen und einmal durchschneiden, mit Preiselbeermarmelade füllen. Mit Ribislkompott servieren.

Anhang

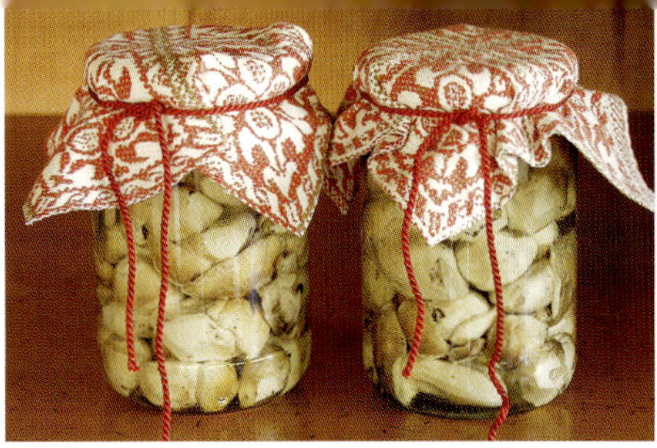

Menüvorschläge

Radicchioravioli mit gebackener Zucchiniblüte

Schweinefilet im Rohschinken- und Gemüsemantel mit Herrennagelen

Ribisltörtchen mit Waldfrüchten

❋

Flusskrebse mit Spargel und Zucchiniblüten

Polentacremesuppe mit Gorgonzola und Lauchwürfeln

Feine Bandnudeln mit Cocktailtomaten und Basilikum

Maispoularde mit Kipflerkartoffeln und Ochsenherzkarotten

Vanilleparfait mit Himbeeren

❋

Kasnocken auf Rohnen mit Lauch

Kalbsstelze glasiert

Cremeschnitte mit Pistazieneis und Erdbeeren

❋

Grüne Gnocchi mit Steinpilzen

Kalbsleber mit Äpfeln, Preiselbeeren und altem Balsamico

Mohn-Nuss-Torte

❋

Spinatspatzln mit Schinken und Sahne

Gespicktes Rindsschulternahtl mit Kartoffeln und Gemüse

Apfelstrudel mit Vanillesauce

❋

Sulz von der gesurten Rinderzunge mit Gemüse

Terlaner Spargel mit Kräuterschinken und neuen Kartoffeln sowie Boznersauce

Erdbeerrosette mit Himbeersauce und Joghurt

❋

Polenta-Lasagne mit Steinpilzen und Reh-Piccata

Rebhuhn mit Quitten und pikanten Zwetschgen

Apfel-Zimt-Terrine im Biskuitmantel mit Schwarzbeeren

❋

Kartoffel-Pfifferlings-Roulade auf Blattspinat mit Haselnüssen

Eisacktaler Weißweinsuppe

Gedämpftes Saiblingsfilet auf Gemüsebett mit Petersilienkartoffeln

Kaiserschmarren

❋

Eisbergsalat mit gebratenen, in Sesam gerollten Garnelen

Steinbuttfilet auf Kartoffel-Fenchel-Sellerie-Gemüse

Gebackener Ziegenfrischkäse mit Akazienhonig und Birnen

❋

Tomaten-Zucchini-Salat mit gebackener Mozzarella

Radicchiorisotto

Haselnussbuchteln mit Vanillesauce

❋

Räucherforellentatar mit Apfelperlen und Sellerievinaigrette

Milzschnittensuppe

Spinatknödel mit Nüssen und Kürbisstreifen

Gefüllte Weintrauben mit Sauvignon-Mousse

❋

Löwenzahnsalat mit gekochtem Ei und Speck

Kalbskopf-Kraut-Strudel mit Pfifferlingen

Lammkoteletts mit Paprikakruste und grünen Bohnen

Topfenknödel mit Zwetschgenkompott

❋

Gebackene Kartoffeltaschen mit Pfifferlingen und Fenchel

Linsencremesuppe mit Zampone

Gefüllte Kalbsbrust auf Mangold und weißen Rüben

Apfelsuppe mit Grießknödeln

❋

Ziegenkäseterrine im Paprikamantel mit buntem Salat

Vollkornnudeln mit grünem Spargel und Pfifferlingen

Kalbsbraten mit Kartoffelpüree und Gemüse

Apfelkiechl mit Vanillesauce

❋

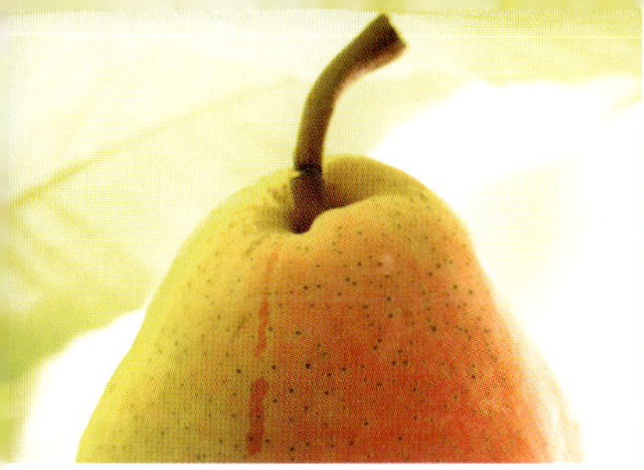

Glossar

Eiskönig .... Eisbergsalat

Erdäpfel .... Kartoffeln

Germ .... Hefe

gesurt .... gepökelt

Herrennagelen ..... Cantharellus lutescens, Cantharellus xanthopus, Gelbe Kraterelle, Goldstieliger Pfifferling, Starkriechender Leistling

Kalbsschulternahtl . Teil aus der Schulter des Kalbs: Mittelbugstück, Schaufelstück; erkennbar an der charakteristschen „Schulternaht" (einer kräftigen Sehne), die beim Kochen schmilzt

Kaminwurz .... zigarrenförmige rohe Räucherwurst aus Schweine- und Rindfleisch

karamellisieren .... mit zu Karamell verkochtem Zucker überziehen und braun färben, bräunen

Karfiol .... Blumenkohl

Kipflerkartoffeln ... festkochende Kartoffeln (z. B. Bamberger Hörnchen)

Kren .... Meerrettich

Lauch .... Porree

Maispoularde ...... schweres Exemplar eines Maishuhns, d. h. eines Huhns, das hauptsächlich mit Mais gefüttert wurde und dessen Haut und Fleisch daher eine gelbliche Färbung aufweist

Marille .... Aprikose

Omelett .... dünner Eierpfannkuchen, Palatschinke

parieren .... von allen unerwünschten (Fett, Haut, Sehnen usw.) und nicht essbaren Teilen befreien

Peperoncino .... Chilischote

Pfifferling .... Eierschwammerl

Pignoli .... Pinienkerne

pochieren .... in siedendem Essig- oder Salzwasser garen

Polentamehl .... Maisgrieß

reduzieren .... das Wasser in Bratensaft, Brühe, Fonds usw. durch Kochen bei großer Hitze verdampfen, um ein Konzentrat von intensivem Geschmack zu erhalten

Ribisl .... Rote Johannisbeeren

Rindsschulternahtl . Teil aus der Schulter des Rinds: Mittelbugstück, Schaufelstück; erkennbar an der charakteristischen „Schulternaht" (einer kräftigen Sehne), die beim Kochen schmilzt

Rindsuppe .... Rinderbrühe

Rohnen .... Rote Bete

Rucola .... Rauke

Sauerrahm .... saure Sahne

Schopf .... Kamm, Nackenstück

Schwarzbeeren .... Heidelbeeren, Blaubeeren

Schwarzplent ...... Buchweizen

Semmelbrösel ..... geriebenes Weißbrot

Sprossenkohl ...... Rosenkohl

Staubzucker .... Puderzucker

Staudensellerie .... Stangensellerie, Bleichsellerie

Stelze .... Haxe

Sulz .... Sülze

Surfleisch .... Pökelfleisch

Topfen .... Quark

Vogerlsalat .... Feldsalat

Weißkraut .... Weißkohl

Zampone .... gefüllter Schweinefuß

Wo gibt es sie, die guten Dinge?

Südtirols Kochkunst lebt von den Einflüssen der österreichischen und italienischen Küche, dem Miteinander von Speckknödel und Spaghetti. Aber nicht nur dies und die klassischen Gerichte wie Schlutzkrapfen und Tirtlen machen die Eigenständigkeit aus – schließlich findet man Speckknödel auch nördlich des Brenners. Es sind die Zutaten, die das Eigene markieren: Südtiroler Speck etwa ist nun einmal milder als die deftigen, rustikalen, mittel- und nordeuropäischen Räucherschinken, aber würziger als die süßlichen mediterranen Rohschinken. In diesem Sinne legt dieses Buch nahe, möglichst regionale Produkte zu verwenden.
Die folgende Orientierungshilfe soll Ihnen die Suche nach diesen Produkten erleichtern – ob als Einheimischer oder als Gast in Südtirol, der mit seinen kulinarischen Mitbringseln zu Hause noch ein wenig Urlaubsgefühl nachkosten möchte. Über die Produzenten lassen sich auch deren Vertriebspartner im Ausland ermitteln, bei denen Sie Südtiroler Produkte beziehen können – Brot beispielsweise oder Wein.

Qualitätsprodukte aus Südtirol mit Schutzmarke

Um die Besonderheit ausgewählter und typischer Südtiroler Produkte zu pflegen, zu erhalten und am Markt zu schützen, wurde 1976 vom Land Südtirol ein eigenes Gütesiegel eingeführt, die „Schutzmarke Südtirol". Folgende Produkte dürfen die Schutzmarke tragen: Äpfel und Birnen, Apfelsaft, Milch und Milchprodukte, Speck GGA (geschützte geografische Angabe), Brot sowie Apfelstrudel und Zelten, Gemüse, Beeren, Grappa, Honig und selbstredend der Südtiroler Wein. Voraussetzung ist allerdings, dass die Produkte Südtiroler Herkunft sind und dass die Produzenten die strengen Auflagen bei der Herstellung respektieren und sich regelmäßigen Qualitätskontrollen unterziehen. (Infos: www.suedtirol.info/markenprodukte)
Auf folgender Website finden Sie unter „Schutzmarke Südtirol" die „gesamte Liste der Südtiroler Hersteller von Qualitätsprodukten": www.provinz.bz.it/tourismus-handel

ÄPFEL Südtirol hat einzigartige klimatische Voraussetzungen für den Obstanbau: Über 300 Sonnentage pro Jahr, eine hohe Tageserwärmung und kühle Nächte sind ideale Bedingungen, um eine gute Qualität der Äpfel zu erzielen. Zudem liegen die rund 18 000 Hektar Obstanbaugebiete in den dafür günstigen Höhenlagen von 250 bis 1 000 m, fast durchweg bewirtschaftet gemäß den Kriterien des integrierten Anbaus von rund 9 000 Obstbaubetrieben, mehrheitlich Familienbetrieben von durchschnittlich nur zwei Hektar Größe.
Die Obstgenossenschaften, die sich um die Vermarktung kümmern, bieten im Übrigen allesamt die Möglichkeit an, sich gewissermaßen an der Quelle zu versorgen. Da die Äpfel ein Südtiroler Exportschlager sind – immerhin 10 % der europäischen Apfelernte stammen aus Südtirol –, wird es Ihnen aber auch außerhalb des Landes nicht sonderlich schwer fallen, Südtiroler Äpfel für Ihren **Apfelstrudel**, die **Apfel-Zimt-Terrine** oder die **Apfelsuppe** zu finden.

APFELSAFT Südtirols Apfelsafthersteller, welche die Schutzmarke einsetzen dürfen, verarbeiten ausschließlich gepflückte Äpfel, kein Fallobst. Die Äpfel stammen aus integriertem oder biologischem Anbau. Der Einsatz von gentechnikfreien Zusatz- und Hilfsstoffen ist genau geregelt. Der naturtrübe Saft (kein Konzentrat) wird ohne Konservierungsstoffe durch schonende Pasteurisierung haltbar gemacht. Die Anschriften der Produzenten von Apfelsaft finden Sie unter: www.suedtirol.info/markenprodukte. Damit gelingt das **Weintraubenkompott mit Zimtzabaione** ganz sicher.

MILCH UND MILCHPRODUKTE
Milchwirtschaft hat in Südtirol Tradition: 12 000 Bauern produzieren nach strengen Vorgaben – darunter artgerechte Haltung und gentechnikfreie Fütterung – in diesem Sektor. Sie erhalten zugleich eine einmalige Kulturlandschaft mit

insgesamt 1 500 bewirtschafteten Almen. Täglich wird die Frischmilch aus allen Tälern – selbst vom abgelegensten Bergbauernhof – zu den Milchverarbeitungsbetrieben geliefert. Das Angebot, neben Milch und Butter, reicht von Jogurt über Mascarpone und Mozzarella bis Ricotta. Südtirol ist europaweit die erste geschlossene Region, die ihre Milchprodukte als gentechnikfrei kennzeichnen darf. Infos: www.sennereiverband.it

SPECK Südtirol und Speck scheinen fast naturgemäß verbunden. Die Südtiroler Spezialität wird weltweit geschätzt und im gut sortierten Fach- und Lebensmittelhandel angeboten. Dünn gegen die Faser geschnitten ist der Speck Hauptdarsteller einer zünftigen Marende oder Törggelepartie, aber auch im **Löwenzahnsalat mit gekochtem Ei**, im **Speckknödel** oder als bodenständige Ummantelung eines **Seeteufels** spielt er in der Südtiroler Küche eine wichtige Rolle. Die Speckherstellung in Südtirol ist eine traditionelle, lange erprobte Methode, um Fleisch nach der Schlachtung haltbar zu machen: Im Laufe der Jahrhunderte wurde das Verfahren auf den Bauernhöfen verfeinert und das „Suren“ und „Selchen“ nach alten Rezepturen zu einer wohlgehüteten Kunst.
Heute produzieren etwa 25 Betriebe unter strengen Auflagen und laufenden Kontrollen Südtiroler Speck GGA (die Abkürzung steht für „geschützte geografische Angabe“). Das geschützte Markenprodukt Speck erkennt man an der Brandmarkierung auf der Schwarte und dem Symbol des lodengrünen Trägerstegs einer Lederhose. Der reduzierte Salzgehalt, das Kühlräuchern bei maximal 20 °C, die Reifezeit von durchschnittlich 22 Wochen und das Verbot von aggressiven Produktionsverfahren wie Spritzpökelung garantieren das unverwechselbare Aroma.
Die Adressen der Hersteller von Südtiroler Markenspeck und interessante Informationen zum Thema finden Sie auf der Website des „Consortiums Südtiroler Speck GGA“: www.speck.it.

BROT, APFELSTRUDEL UND ZELTEN Südtirol hat eine große Vielfalt an Broten aufzuweisen. Typisch für die Region sind Fladenbrote aus dunklem Mehl, häufig Roggen, die früher durch Lufttrocknung lange haltbar gemacht wurden: Die Bauern erledigten die aufwändige Arbeit des Brotbackens nämlich nur alle paar Monate. Ein Erbe dieser Tradition ist das Schüttelbrot, das mit Speck und Wein gewissermaßen das Südtiroler Erfolgstrio bildet. Für die Zubereitung von **Knödeln** und **Nocken** wird dagegen einige Tage altes Weißbrot verwendet.
Charakteristische Brote sind weiter die „Pusterer Breatln“ und das „Vinschger Paarl“, aber auch Früchtebrote oder das so genannte „Fochaz“, das Kinder als Hase oder Henne zu Ostern und Allerheiligen von ihren Paten geschenkt bekommen.
Apfelstrudel gibt es in Südtirol mit Mürb-, Blätter- oder Ziehteig. Das Rezept für Letzteren finden Sie in diesem Buch. **Zelten** ist eine verfeinerte Form des Früchtebrots und das Südtiroler Weihnachtsgebäck schlechthin: Er besteht zu höchstens 10 % aus Brotteig, der Rest sind – wie Sie unserem Rezept entnehmen können – Walnüsse, Mandeln, Feigen, Sultaninen, kandierte Früchte usw.
Die Schutzmarke ermöglicht Ihnen, lokaltypische Brotsorten mit streng geregelten Zutaten von anderen Backerzeugnissen zu unterscheiden.
Wissenswertes über Südtiroler Brot und die Adressen der Hersteller mit Schutzmarke finden Sie unter: www.brot.org

GEMÜSE Die Südtiroler Gemüseanbauer sind Familienbetriebe, die Anbaugebiete liegen auf 500 bis 1 650 m Höhe im Vinschgau, Passeiertal, Martelltal, auf dem Ritten, im Eisacktal, im Pustertal und am Deutschnonsberg.
Das milde Klima, warme, sonnige Tage, kühle Nächte und fruchtbare Böden sind Garanten für die hohe Qualität des Südtiroler Freilandgemüses. Angebaut werden unter anderem Karfiol (Blumenkohl), Weißkohl, Porree, Sellerie und Knollensellerie, Rohnen (Rote Bete), Kartoffeln, Zucchini, Radicchio und **Eisbergsalat**. Egal ob Sie nun Letzteren – wie hier vorgeschlagen – mit gebratenen Garnelen servieren wollen oder ob Sie **Rohnen-Nocken**, eine **Kartoffelbeilage** oder **Radicchioravioli** zubreiten: Es lohnt sich, nach heimischen Produkten zu fragen.

BEEREN Höhenluft tut Beeren gut: Südtirols Erdbeeren, Himbeeren und Ribisl (Rote Johannisbeeren) wachsen in Höhenlagen von 800 bis 1 600 m. Die Beeren reifen bei niedrigeren

Temperaturen langsam heran und entwickeln viel Geschmack und ein volles Aroma. Das trockene Klima und die ideale Sonneneinstrahlung sorgen für eine gesunde Reifung. Aufgrund der artgerechten Anbauverhältnisse sind die Pflanzen widerstandsfähiger, viele Schädlinge kommen höhenbedingt nicht vor, was umweltschonende Anbaumethoden erlaubt.
Die klassischen Anbaugebiete für den „Rohstoff" von **Erdbeerrosette mit Himbeersauce und Joghurt**, **Ribisltörtchen mit Waldfrüchten** oder **Ribislkompott** liegen im Martelltal, im Ultental, auf dem Ritten, im Eisacktal und im Pustertal. Erdbeerzeit ist von Mitte Juni bis Ende August.
Vermarktungsbetriebe: EGMA – Obstversteigerung, Vilpian (www.astafrutta.it); MEG– Erzeugergenossenschaft Martell (www.vi-p.it/meg); Pragser Beeren, Toblach (www.alpepragas.com).

GRAPPA Grappa ist das einzige Destillat, das aus den Schalen der Weintrauben, dem so genannten Traubentrester gewonnen wird; dieser ist reich an Aromastoffen und fällt bei der Wein- bzw. Mostherstellung an. Im traditionellen Weinland Südtirol profitieren die Grappa-Hersteller von einer großen Auswahl an besten Trestern der verschiedenen Rebensorten. Damit Sie nicht auf den Schuss Grappa für die Verfeinerung der **Apfelkiechl** verzichten müssen. Wissenswertes über Grappa und die Adressen der Mitglieder des Grappa-Produzentenvereins – Kellerei Algund in Meran, Psenner sowie Roner in Tramin, Unterthurner in Marling und Walcher in Eppan – finden Sie unter: www.grappa-suedtirol.it.

HONIG Honig ist ein Energiespender erster Güte: Er enthält Traubenzucker, Fruchtzucker, Wasser, Mehrfachzucker, Fermente, Mineralstoffe und Spurenelemente, Vitamine, Aminosäuren, Aroma- und Duftstoffe sowie Pollen – Haushaltszucker hat demgegenüber nur Kalorien und praktisch keine Vitamine und Mineralstoffe. Typische Südtiroler Honigarten sind der Alpenrosenhonig, der Mischblütenhonig und der Waldhonig. Die Schutzmarke garantiert die Herkunft aus heimischen Imkereien, der Name des Imkers muss auf dem Glas vermerkt sein.
Die Vermarktung des Südtiroler Honigs erfolgt zu 90 % direkt durch die Imker, zu 10 % über Fachgeschäfte (etwa Bioläden) und Bauernmärkte.
Ziegenfrischkäse mit Akazienhonig ist nur eines der Rezepte, das dieses naturbelassene und an natürlichen Wirkstoffen reiche Produkt einsetzt; wiederholt wird in diesem Buch Honig zur Verfeinerung von Desserts empfohlen. Adressen von Imkern mit Schutzmarken-Honig finden Sie unter: www.suedtirol.info/markenprodukte

WEIN Südtirol gilt als das älteste Weinbaugebiet des deutschen Sprachraums – die Rebsorten Vernatsch, Lagrein und Gewürztraminer haben hier ihren Ursprung. Es ist eines der kleinsten Gebiete Europas, erzielt aber eine beachtliche Qualität. Nur etwa 350 000 Hektoliter werden produziert; davon entfallen etwa 60 % auf Rot- und 40 % auf Weißweine. Klein, aber fein und ausgereift präsentiert sich auch die Südtiroler Sektproduktion. Südtirols Weinberge nehmen eine Gesamtfläche von rund 5 000 Hektar ein, und zwar durchweg in Hang- und Hügellagen zwischen Schlanders und Salurn sowie zwischen Bozen und Brixen. Die reizvolle Rebenlandschaft vor der Kulisse schneebedeckter Berge steht heute für außergewöhnliche Weine. Ganze 98 % dieser Weinberge sind in der so genannten Weinbergrolle eingetragen und unterliegen damit den DOC-Bestimmungen (Bestimmungen für Qualitätsweine bestimmter Anbaugebiete).
Da in Südtirol Wein, Kultur und Tradition eng miteinander verbunden sind, empfiehlt Peter Kantioler in diesem Buch zu vielen typischen Südtiroler Rezepten die dazu passenden lokalen Weine, Anneliese Kompatscher und Tobias Schmalzl verraten außerdem die Zubereitung einer traditionellen **Eisacktaler Weißweinsuppe** und zeigen, wie Sie mit einer **Rotweinsauce** Desserts verfeinern können.
Falls Sie Genaueres über Südtirols Weine und Winzer, die einzelnen Anbaugebiete und ihre speziellen Lagen erfahren möchten, schauen Sie auf der Website der Südtiroler Weinwerbung nach, einer vorzüglichen Adresse: www.suedtirolerwein.com.
Dort finden Sie unter „Kellereien" die Adressen aller Produzenten, geordnet nach Kellereigenossenschaften, Weingütern und Weinkellereien, selbstvermarktenden Weinbaubetrieben und Sektkellereien.

Nützliche Adressen

GEMÜSE, OBST & CO.

Bauernmärkte
In den Städten und vielen größeren Ortschaften Südtirols finden in der Regel einmal wöchentlich Bauernmärkte statt. Wann und wo finden Sie auf der Website www.roterhahn.it unter „Veranstaltungen", „Bauernmärkte".

Bäuerliche Qualitätsprodukte
Eine ganze Reihe von Qualitätsprodukten können bei Südtiroler Bauernhöfen direkt bezogen werden. Das Sortiment umfasst hochwertige, veredelte Erzeugnisse in neun Produktgruppen: Fruchtsäfte, Fruchtsirupe, Fruchtaufstriche, Trockenobst, Destillate, Essige, Kräuter, Käse und Milchprodukte sowie Freilandeier.
Die Adressen der betreffenden Höfe finden Sie unter www.roterhahn.it/de/produkte.
Infos in Printversion verschickt:
Roter Hahn, Südtiroler Bauernbund
I-39100 Bozen, Schlachthofstraße 4/d
Tel. +39 0471 999308.

Biofachgeschäfte Südtirols
Lebensmittel, Weine und Delikatessen bieten die Biofachgeschäfte auf höchstem Qualitätsniveau an. Die Mitglieder des Verbands der Biofachgeschäfte Südtirols werden streng auf die Einhaltung der EU-Normen und der Verbandsrichtlinien kontrolliert.

→ **Auryn – Holzer**
I-39028 Schlanders, Gerichtsstr. 6
→ **Bio & Eko**
I-39055 Leifers, D.-Chiesa-Str. 1
→ **Biobazar**
I-39031 Bruneck, Oberragen 18/A
→ **bios**
I-39100 Bozen, Horazstr. 9
I-39040 Salurn, Romstr. 15
→ **Kornblume**
I-39022 Algund, Alte Landstr. 17
→ **Natur & Leben**
I-39058 Sarnthein, Europastr. 60/A
→ **naturalia**
I-39012 Meran, Meinhardstr. 49
→ **Pro Natura**
I-39100 Bozen, Penegalstr. 1
I-39042 Brixen, Stadelgasse 6/B
I-39044 Neumarkt, Lauben 32
→ **Soluna**
I-39055 St. Jakob, St.-Jakob-Str. 147
→ **Triade**
I-39100 Bozen, Dominikanerplatz 5
I-39044 Neumarkt, Marienstr. 8/1
I-39052 Kaltern, Rebschulweg 1

BioKistl Südtirol
I-39022 Algund, Steinach 45
Tel. +39 0473 201023
www.biokistl.it
Südtirolweite Hauszustellung von Gemüse, Obst und weiteren Produkten (Wein, Tee, Brot, Eier ...) aus kontrolliert biologischem Anbau, die (außer in den Übergangsmonaten) ausschließlich von Südtiroler Bio-Bauernhöfen bzw. einheimischen Bio-Produzenten stammen.

MILCHPRODUKTE

Milchhof Brixen – Brimi
I-39040 Vahrn, Brennerstr. 2
Tel. +39 0472 271300, Fax +39 0472 271399
info@brimi.it
www.brimi.it
Verschiedenste Mozzarella-Arten aus Südtiroler Kuhmilch, Mascarpone aus Südtiroler Frischsahne und Ricotta mit nur 10 % Fett sind ein Teil der hochwertigen Produkte, die Brimi nach strengen Qualitätsstandards herstellt.
Bezug Ausland:

→ **Brimi-Produkte** finden Sie in den Spar- und M-Preis-Filialen sowie bei Adeg und Metro.
→ **Tegut**, Fulda
→ **Hamberger Großmarkt GmbH**, München
→ **Schwälbchen Molkerei-Frischdienst** GmbH, Mainz-Hechtsheim
→ **Frischdienst Berlin**, Berlin
→ **Ernst Kähler OHG**, Hamburg
→ **Bernhard Möllers GmbH**, Köln
→ **Hemken & Co GmbH**, Bonn
→ **Leberecht Goeritz GmbH & Co KG**, Abensberg
→ **Frischdienst Hirschburger GmbH**, Kirchentellinsfurt
→ **Alpenhain Camembert-Werk**, Pfaffing

WEIN

Vinus – Peter's Weinbistro
I-39042 Brixen, Altenmarktgasse 6
Tel. +39 0472 831583, Fax +39 0472 831589
Hier können Sie mit Peter Kantioler, der für dieses Buch die Weintipps zusammengestellt hat, fachsimpeln und sich von ihm beraten lassen. Mo–Fr 10–13, 16–23 Uhr (Mi, Fr kleine warme Gerichte bis 1 Uhr!), Sa 10–16 Uhr

Arunda Sektkellerei
Metodo classico – Talento
I-39010 Mölten
Tel. +39 0471 668033, Fax +39 0471 668229
info@arundavivaldi.it
www.arundavivaldi.it
Sepp und Marianne Reiterer stellen nach der klassischen Flaschengärungsmethode mehrfach prämierte Spitzensekte her. Ein Besuch in der am höchsten gelegenen Sektkellerei Europas ist ein Erlebnis.
Siehe Tipps S. 12, 61, 62

Gutskellerei Castel Sallegg
Georg Graf Kuenburg
I-39052 Kaltern, Unterwinkel 15
Tel. +39 0471 963132, Fax +39 0471 964730
castelsallegg@kuenburg.it
www.castelsallegg.it
Diese Gutskellerei setzt auf exquisite Selektionsweine, die ausschließlich aus eigenem umweltschonendem Anbau stammen – unter besonderer Berücksichtigung von Sorten, Lagen, Bodenverhältnissen und örtlichem Klima. Weinverkauf: Mo–Do 8–12, 13–17 Uhr, Fr 8–12, 13.30–16.30 Uhr
Siehe Tipps S. 40, 52, 86, 149

→ Bezugsadressen im Ausland werden auf Anfrage gerne mitgeteilt.

Tenuta Baron Di Pauli
I-39052 Kaltern, Kellereistr. 12
Tel. +39 0471 963696, Fax +39 0471 964454
info@barondipauli.com
www.barondipauli.com
Dieses traditionsreiche Weingut hat vor kurzem ein besonderes Projekt gestartet: Ziel ist die Produktion herausragender Weine. Großartige Lagen, ein engagiertes Team, das Know-how eines renommierten Önologen und der Wille zur Perfektion lassen dies hervorragend gelingen.
Siehe Tipps S. 82, 114
Bezug Ausland:
→ **Törggelen Weinimport Ges.mbH**
D-81543 München, Humboldstr. 39
Tel. +49 (0)89 656624
info@toerggelen.de
→ **Südtiroler Weinladen**
D-86161 Augsburg, Gentnerstr. 67/A
Tel. +49 (0)821 559538
info@suedtiroler-weinladen.net
→ **Georg Vogel – Weinimport Engros**
CH-8035 Zürich, Weinbergweg 69
Tel. +41 (0)1 3623650
prosit@georg-vogel-wein.ch

Glögglhof, Franz Gojer
I-39100 Bozen, Rivelaunweg 1
Tel. +39 0471 978775, Fax +39 0471 978775
info@gojer.it
www.gojer.it
Der Glögglhof vinifiziert u. a. Lagrein, Lagrein Riserva, Merlot Spitz und St. Magdalener Rondell. Weinverkauf: Mo–Sa 8–12, 14–19 Uhr
Siehe Tipps S. 43, 114
Bezug Ausland:
→ **Harald L. Bremer GmbH**
D-38104 Braunschweig, Efeuweg 3
Tel. +49 (0)531 237360
→ **Garibaldi**
D-80807 München, Schellingstr. 60
Tel. +49 (0)89 28673670
→ **Scala Vini, Christoph Künzli Weine**
CH-7270 Davos Platz, Promenade 119
Tel. +41 (0)81 4165510
info@scalavini.ch
→ **Al Grappolo-Vini, Misteli Joseph**
CH-4500 Solothurn, Prisongasse 4
Tel. +41 (0)32 6235585
vini@algrappolo.com
→ **Carl Studer Vinothek**
CH-6002 Luzern, Langesandstr. 7
Tel. +41 (0)41 3604589
mail@studer-vinothek.ch

Weingut Haderburg, Alois Ochsenreiter
I-39040 Salurn, Buchholz 30
Tel. +39 0471 889097, Fax +39 0471 883892
info@haderburg.de
www.haderburg.de
Oberhalb von Salurn schaffen uraltes Rebland und gute klimatische Bedingungen die Voraussetzungen für charaktervolle Rot- und Weißweine sowie Sekte. Die einzelnen Rebsorten und die verschiedenen Lagen verleihen jedem Wein einen ganz spezifischen Charakter. Frische und Lebendigkeit ist die Stärke der jungen Weine, Harmonie und Eleganz der Vorzug der länger gereiften.
Siehe Tipps S. 19, 97
→ Bezugsadressen in D, CH und A werden auf Anfrage gerne mitgeteilt.

Hoandlhof, Manfred Nössing
I-39042 Brixen, Weinbergstr. 66
Tel. +39 0472 832672, Fax +39 0472 832672
Im Hoandlhof wirkt der junge Winzer „Manni" Nössing, der den Wein der Weinberge seiner Familie in wenigen Jahren zu großem Erfolg geführt hat. „Manni" ist ein Eisacktaler Original – es lohnt sich, ihn und seine Weine kennen zu lernen.
Siehe Tipps S. 65, 117
Bezug Ausland:
→ **Toscana Weinladen**
D-63500 Seligenstadt, Große Maingasse 6
Tel. +49 (0)61 8220210

Kellerei Kaltern
I-39052 Kaltern, Kellereistr. 12
Tel. +39 0471 963149, Fax +39 0471 964454
info@kellereikaltern.com
www.kellereikaltern.com
Die Kellerei Kaltern bewirtschaftet das Herzstück des Südtiroler Weinbaugebietes rund um den Kalterer See. Die Betriebsphilosophie richtet sich nach strengsten Qualitätskriterien. An der Spitze stehen die beiden Weingüter Pfarrhof und Castel Giovanelli sowie die Lagenweine.
Siehe Tipps S. 11, 66
Bezug Ausland:
→ **Törggelen Weinimport Ges.mbH**
D-81543 München, Humboldstr. 39
Tel. +49 (0)89 656624
info@toerggelen.de
→ **Südtiroler Weinladen**
D-86161 Augsburg, Gentnerstr. 67/A
Tel. +49 (0)821 559538
info@suedtiroler-weinladen.net
→ **Televino**
D-88079 Kressbronn, Nunzenbergweg 23
Tel. +49 (0)7543 952186
www.televino.de
→ **Weinkellerei Meraner**
A-6020 Innsbruck, Rennweg 16
Tel. +43 (0)512 585850
office@meraner.at
→ **Georg Vogel – Weinimport Engros**
CH-8035 Zürich, Weinbergweg 69
Tel. +41 (0)1 3623650
prosit@georg-vogel-wein.ch

Meraner Weinkellerei
I-39012 Meran, St.-Markus-Str. 11
Tel. +39 0473 235544, Fax +39 0473 211188
info@meranerkellerei.com
www.meranerkellerei.com
Aus dem Ergebnis von 300 Sonnentagen pro Jahr entstehen in der Meraner Kellerei unter dem Motto „So schmeckt die Meraner Sonne" kraftvolle, elegante und bekömmliche Weine. Weinverkauf: Mo–Fr 8–12, 14–18, Sa 8–12 Uhr
Siehe Tipps S. 94, 120
→ Bezugsadressen in D, CH und A werden auf Anfrage gerne mitgeteilt.

Niklaserhof, Josef Sölva
I-39052 Kaltern, Brunnenweg 31
Tel. +39 0471 963432, Fax +39 0471 963432
info@niklaserhof.it
www.niklaserhof.it

Ein Familienbetrieb mit langer Weinbautradition, der neben den bekannten Weißweinen Weißburgunder, Sauvignon und Kerner eine rote Cuvée „Klaser" produziert. Ab-Hof-Verkauf bzw. Bezug über die Weinhandlung Vinum in Bozen.
Siehe Tipps S. 25, 68

Pfannenstielhof, Johannes Pfeifer
I-39100 Bozen, Pfannenstielweg 9
Tel./Fax +39 0471 970884
Handy: +39 338 8116623
info@pfannenstielhof.it
www.pfannenstielhof.it
Der Pfannenstielhof ist ein Familienbetrieb, in dem ausschließlich Trauben aus eigener Produktion zu Qualitätsweinen verarbeitet werden. Gesunde, reife Trauben werden in den alten Kellern zu folgenden Weinen veredelt: St. Magdalener classico, Lagrein, Lagrein Riserva und Blauburgunder.
Siehe Tipps S. 89, 124
Bezug Ausland:

→ **Südtiroler Spezialitäten – Eduard Lipschitz**
D-71126 Gäufelden-Nebringen
Öschelbronnerstr. 4
Tel. +49 (0)7032 9109520
info@suedtirolershop.de

→ **Werner's Feinkost-Stadl**
D-04626 Schmölln, Markt 16
Tel. +49 (0)34491 83130
feinkost.stadl@t-online.de

→ **Fachgeschäft Werner Friedel**
D-68239 Mannheim-Seckenheim
Offenburgerstr. 1
Tel. +49 (0)621 471870

→ **Comvino – Bruno Müller**
CH-8143 Stallikon, Sellenbüren 2
Tel. +41 (0)1 7778585
info@comvino.com

Weinkellerei Rottensteiner
I-39100 Bozen, Sarntaler Str. 1/A
Tel. +39 0471 282015, Fax +39 0471 407154
rottensteiner.weine@dnet.it
www.rottensteiner-weine.com
Im Verkaufsraum direkt in der Kellerei finden Sie ein reichhaltiges Sortiment reinsortiger Weine, ausgesuchte Lagenweine, die hochwertige Select-Linie sowie den besonderen Dessertwein Gewürztraminer Passito Cresta.
Weinverkauf: Mo–Fr 8–12, 14–18, Sa 9–12 Uhr
Siehe Tipps S. 29, 37, 137
Bezug Ausland:

→ **Casa del Vino – H. W. Schnitker**
D-84478 Waldkraiburg
Pfarrer-Kneipp-Str. 7
Tel. +49 (0)86 383819

→ **Josef Mayer & Co Kg-GmbH**
D-78315 Radolfzell am Bodensee
Herrenlandstr. 69
Tel. +49 (0)773 2997916

→ **Citti HandelsgesmbH & Co Kg**
D-24113 Kiel, Mühlendamm 1
Tel. +49 (0)431 68930

→ **Solovino, Herbert Platzgummer**
A-6410 Telfs, Voglerweg 3
Tel. +43 (0)5262 61717
office@solovino.at

→ **Vogel Georg Weinimport, Marco Vogel**
CH-8035 Zürich, Weinbergstr. 69
Tel. +41 (0)1 3622765

Kellerei Schreckbichl
I-39050 Girlan, Weinstr. 8
Tel. +39 0471 664246, Fax +39 0471 660633
info@colterenzio.com, www.schreckbichl.it
Charakterstarke Weine, die Terroir und Herkunft widerspiegeln. So wenig wie möglich in die Natur eingreifen, die Erträge knapp halten und nur das beste Traubengut verwenden – das sind die Leitmotive, nach denen Schreckbichl seit Jahren Weine erzeugt.
Siehe Tipps S. 15, 109, 113,118, 146
Bezug Ausland:

→ **Baur au Lac Wein**
CH-8902 Urdorf/Zürich, Spitalstr. 71
Tel. +41 (0)17 770505
info@baurau lacwein.ch

→ Bezugsadressen in D und A werden auf Anfrage gerne mitgeteilt.

Kellerei St. Michael-Eppan
I-39057 Eppan, Umfahrungsstr. 17/19
Tel. +39 0471 664466, Fax +39 0471 660764
kellerei@stmichael.it
www.stmichael.it
Die seit 1907 bestehende Kellerei verbindet Tradition und Kulturgut mit modernster Kellertechnik.
Siehe Tipps S. 22, 26, 37, 150
Bezug Ausland:

→ Bezugsadressen in D, CH und A werden auf Anfrage gerne mitgeteilt.

Tiefenbrunner Schlosskellerei Turmhof
I-39040 Kurtatsch-Entiklar, Schlossweg 4
Tel. +39 0471 880122, Fax +39 0471 880433
info@tiefenbrunner.com
www.tiefenbrunner.com
Diese Geheimtipp-Weine sind im Detailverkauf vor Ort erhältlich. Ganzjährig geöffnet.
Siehe Tipps S. 103, 106, 124

Baron Widmann
I-39040 Kurtatsch, Endergasse 3
Tel. +39 0471 880092, Fax +39 0471 880468
baron.widmann@virgilio.it
Mit seiner Cuvée „Auhof", die Widmann nur in den besten Jahren keltert, hat er einen Fixstern am Südtiroler Weinhimmel geschaffen: Dieser Wein ist wegen der Synthese von traditionsgebundenem und zeitgemäßem Weinbau in Südtirol heute für viele Winzern ein Vorbild.
Siehe Tipps S. 44, 58, 97
Bezug Ausland:

→ **Der Weingerg des Robert Gerg**
D-83708 Kreuth, In der Haslpoint 5
Tel. +49 (0)80 226895

→ **Carl Studer**
CH-6500 Luzern, Langensandstr. 7
Tel. +41 (0)41 3604589

ANNELIESE KOMPATSCHER, geboren 1953 in Völs am Schlern (Südtirol), wohnt in Bayern. Fotografin und Buchautorin, bekannt unter anderem durch den Kochbuchklassiker und Bestseller „Die Küche in Südtirol", zuletzt erschien „Kinder und Gärten". Ihre Fotos werden in Fachzeitschriften wie „Burda Garten und Wohnen", „Kraut und Rüben" oder „Gartenspaß" veröffentlicht.

TOBIAS SCHMALZL, geboren 1968 in Brixen (Südtirol), arbeitete bei Starköchen wie Hans Haas, Dieter Müller und Heinz Winkler. In Sardinien hat ihn die mediterrane Küche inspiriert. Seit 1998 ist der Haubenkoch Küchenchef im Restaurant des Hotels „Elephant" in Brixen.

PETER KANTIOLER, geboren 1961 in Sterzing (Südtirol). 1998 Eröffnung des Weinbistros „Vinus" in Brixen, das vom „Gambero Rosso" als „Vinothek des Jahres 2003" ausgezeichnet wurde und 2004 in der Kategorie Vinotheken den Preis für Südtiroler Weinkultur erhielt.

HOTEL ELEPHANT Das Hotel „Elephant" in Brixen ist eine der traditionsreichsten Adressen im Südtiroler Gastgewerbe. Der Name des Hauses leitet sich von einer historischen Begebenheit ab: Im Dezember 1551 wurde ein Elefant auf dem Weg von Genua nach Wien in einer damals einfachen Taverne einquartiert. Der exotische Dickhäuter war ein Geschenk des Königs Johann III. von Portugal für seinen Neffen Erzherzog Maximilian von Österreich und erregte auf seiner Reise großes Aufsehen. Daraufhin beschloss der Wirt, sein Haus umzutaufen. Seit dieser Zeit haben die Wirtsleute des „Elephanten" die Qualität des Angebots kontinuierlich verbessert und den Gasthof zu einem stimmungsvollen Hotel gemacht, in dem Könige, Kaufleute, Bildungsreisende und Gäste vieler Nationen einkehrten. Das Haus ist seit 1773 in Familienbesitz; seit 1989 wird es von Elisabeth Heiss geführt, unterstützt von Direktor Heinrich Radmüller. Die Verbindung von familiär-gepflegter Atmosphäre und sehr gutem Service, die Ausstattung der Zimmer mit erlesenem Mobiliar, der Park mit Schwimmbad und altem Baumbestand und nicht zuletzt die von Haubenkoch Tobias Schmalzl geprägte Küche machen den „Elephanten" zu etwas Besonderem.

Alphabetisches Verzeichnis der Gerichte

VORSPEISEN

WARME VORSPEISEN

SUPPEN

FLEISCHGERICHTE

FISCHGERICHTE

BEILAGEN

DESSERTS

TORTEN

Register